Collection Anatolia
dirigée par Samuel Brussell

Titres à paraître :

Liam O'Flaherty	*Les Amants*
Anonyme du XIVe siècle	*Le Kamasutra catalan*
Vita Sackville-West	*Une aristocrate en Asie*
Anonyme d'Erfurt	*Traité de l'amour parfait*
Raymond Lulle	*Félix ou le Livre des Merveilles*
Spike Milligan	*Le Règne hystérique de M. Looney, roi d'Irlande*
Zbigniew Herbert	*Un Barbare dans le jardin*
Gillian Tindall	*Célestine, histoire d'une femme du Berry*
Albert Einstein	*Pensées intimes*
Josef Skvorecky	*Deux meurtres dans ma double vie*
Joan Lluís Vives	*Introduction à la sagesse*
Karl Popper	*À la recherche d'un monde meilleur*
Aidan Higgins	*Les Années de chien*
Shiva Naipaul	*La Locataire*
Abbé Arlotto	*Bons Mots et Facéties*
Ofelia Queiroz	*Lettres d'amour à Fernando Pessoa*
W. H. Auden	*Le Prolifique et le Dévoreur*
Flann O'Brien	*Rhapsodie à Stephen's Green*
Alice B. Toklas	*Ma vie avec Gertrude Stein*
Nirad Chaudhuri	*Autobiographie d'un Indien inconnu*
Max Rouquette	*Graves Pensées sur la lagune*
M. Rouquette /G. Jouanard/B. Plossu	*Saint-Guilhem-du-Désert*
V. S. Naipaul	*Conversations*
Jorge Luis Borges	*Feuilletons du samedi*
Joseph Roth	*L'Autodafé de l'esprit*
Alfred Döblin	*Adieu à l'Europe*
M. F. K. Fisher	*Une Américaine en Provence*

Derniers titres parus voir fin de volume

Journal
d'un génie adolescent

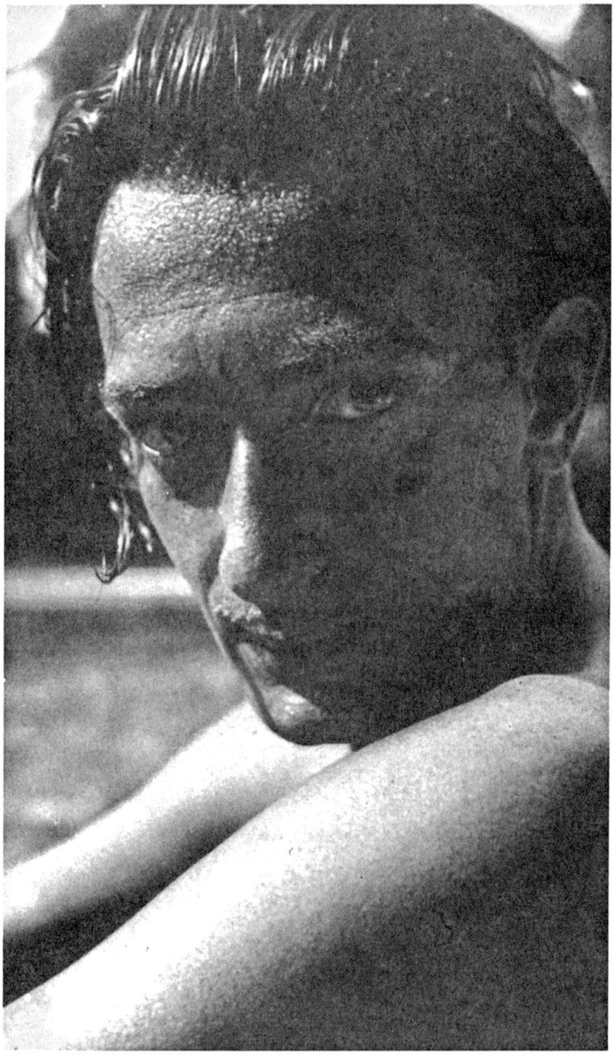

Salvador Dalí,

SALVADOR DALÍ

Journal d'un génie adolescent

TRADUIT DU CATALAN PAR PATRICK GIFREU

PRÉFACE ET NOTES DE FÉLIX FANÉS

ANATOLIA / LE ROCHER

Titre original :

Un diari : 1919-1920
Les meves impressions i records intíms

Ce livre a été publié avec le concours de la Generalitat de Catalunya,
Institució de les Lletres Catalanes

ISBN 2 268 03469 0

Introduction

Ce livre est le journal que Dalí tint de 1919 à 1920. Sa découverte est une véritable révélation. Nous savions que le peintre avait écrit un journal, car A. Reynolds Morse en avait publié un fragment en 1962 sous le titre *A Dalí Journal 1920.* C'est ainsi que nous avions appris l'existence de ce manuscrit. Ce collectionneur américain publia à l'époque un cahier qu'il avait découvert par hasard chez un bouquiniste parisien — c'est ce qu'il écrivait dans sa préface — et qu'il s'était empressé d'acquérir. Le peintre accepta finalement la publication de ce cahier, mais à contrecœur, et à la condition expresse que l'édition n'en fût pas commerciale. Il avançait pour argument qu'il voulait contrôler la commercialisation de ses productions. Mais ses réticences étaient en fait motivées par la crainte de voir cette publication mettre à mal son image, qu'il avait élaborée de toutes pièces avec tant de passion, et réussi à imposer dans sa célèbre *Vie secrète* (1942).

Le cahier édité par A. Reynolds Morse était le sixième d'une série de douze cahiers (au moins), dont quatre ont été découverts après la mort du peintre dans sa résidence de Cadaqués (légués à l'État espagnol, ils sont actuellement conservés à la tour Galatea de Figueres).

À ces quatre cahiers — ou plutôt cinq, si l'on compte celui qui est détenu par les Reynolds Morse aux États-Unis (The Salvador Dalí Museum, St. Petersburg, Floride) — sont venus s'ajouter deux autres cahiers — le dixième et le onzième — que nous avons découverts après maintes recherches dans une collection particulière. Ainsi, nous disposions de sept cahiers complets dont nous nous sommes servis pour la présente édition (nous en avons trouvé plusieurs autres mais leur forme fragmentaire ne nous a pas permis de les utiliser).

Il manque donc cinq cahiers, qui ont disparu, ou sont détenus par des inconnus. Nous pensons qu'ils n'apporteraient rien de vraiment nouveau. En effet, avant même d'avoir eu connaissance du contenu des dixième et onzième cahiers, nous avions remarqué que le texte présentait un vide pour les périodes d'été. Tous les cahiers montraient la même lacune. En considérant que c'est à cette période de l'année que Dalí se dédiait entièrement à la peinture, le manque était très gênant. Mais la surprise survint lorsque l'on découvrit que le dixième cahier (juin-automne 1920), lui aussi, laissait un vide. En fait, lorsqu'il partait en vacances en famille, l'été, Dalí cessait d'écrire. Il ne reprenait la rédaction quotidienne de son journal qu'à son retour de Cadaqués. Cette omission est d'ailleurs fort compréhensible. Dalí rédigeait ce journal — entre autres raisons — comme un acte créatif de substitution et, aussi, probablement, pour tuer l'ennui. Pendant l'été, en revanche, il ne s'ennuyait pas et n'avait pas besoin de succédanés, seule l'activité créatrice principale comptait. Il pouvait s'y livrer à corps perdu et, quand il était fatigué, explorer les mille recoins de Cadaqués. Voilà l'origine, sans doute, de ces interruptions.

Les textes que nous avons recueillis ont été rédigés sur des cahiers d'écolier, dont certains sont recouverts de toile cirée noire, d'autres de cartoline grise, aux pages quadrillées ou avec de simples lignes, sur lesquelles le peintre écrivait recto verso. Les événements quotidiens qui retiennent son attention — la matière première du journal — sont écrits dans une écriture petite et compacte, très appliquée, mais qui devient peu à peu décousue, et même tumultueuse. Il est évident que Dalí écrivait par jets et qu'il ne se corrigeait jamais (les exceptions peuvent se compter sur une main). D'autre part, au début, le jeune peintre note ses impressions* au jour le jour, mais plus le temps passe et plus il semble avoir du mal à garder ce rythme, ses narrations devenant alors souvent hebdomadaires. En général, elles ne comportent pas de date précise, mais de simples indices, comme « 7 », « automne » ou « mercredi ». Les dates mentionnées dans notre ouvrage ont été ajoutées, excepté pour le sixième cahier, qui est plus explicite.

Les cahiers sont rédigés en catalan. Le catalan de Dalí est aussi curieux que son français, dont il avait reçu les rudiments au Collège des Frères de la doctrine chrétienne, et qui deviendra la seconde de ses langues littéraires, puis la première. Le peintre écrit phonétiquement, c'est-à-dire sans tenir compte de l'orthographe conventionnelle. Ceci peut être dû à sa méconnaissance du catalan écrit; comme la plupart des enfants de son âge, il n'a été scolarisé qu'en castillan

---

* Le titre original du journal est : « Mes impressions et souvenirs intimes ». (*N.d.T.*)

— et aussi, dans une petite part, en français. Mais je ne peux écarter la possibilité d'une certaine dyslexie. En effet, il faisait des fautes d'orthographe dans toutes les langues qu'il a employées à un moment ou à un autre de sa vie (le catalan, le français, le castillan, l'anglais). En tout cas, on peut attribuer le choix du catalan au contexte politique et culturel dans lequel évoluait son père, le notaire Dalí, et ses amis : l'écrivain et homme politique Puig Pujades, le journaliste — « voltairien », selon Dalí — Carles Costa, le dramaturge Ignasi Iglésias, ami de jeunesse du notaire, le poète et homme politique Gabriel Alomar, professeur au lycée de Figueres, tous très liés au fédéralisme nationaliste et républicain dont l'Empourdan et Figueres étaient des bastions. Mais si, pour ce qui est de la langue, il suivait les traces de son père et de ses amis, en politique, il avait ses propres opinions. Il penchait vers l'anarcho-syndicalisme radical et tournait son regard vers la toute nouvelle république des Soviets.

Ses partis pris politiques sont sans ambiguïté, ce qui est pour le moins étonnant. Dans *Vie secrète*, il avait révélé que pendant l'adolescence il était devenu un anarchiste « violemment antisocial », qui n'hésitait pas à réclamer « une bombe au parlement, afin que cesse cette farce, ce mensonge, cette hypocrisie ! » Si les commentaires peuvent déconcerter par leur radicalisme, leur base informative n'en est pas moins surprenante. Il osait sans crainte s'attaquer à tout : la politique catalane, espagnole, internationale ; on le voit tel jour insulter Cambó, tel autre analyser la tactique électorale des socialistes français ; tantôt il annonce un coup d'État à Madrid, tantôt il prend pour cible le militarisme prussien. Le jeune Dalí était, sans nul doute, un dévoreur de journaux ; ce qui était aussi le cas de son père, abonné à *El Sol*, à *La Publicidad*, et peut-être à d'autres quotidiens.

Comme s'il s'agissait d'une stratégie dûment élaborée, cette vision du monde sans limites vient s'insérer dans un contexte d'événements quotidiens infimes et locaux. Et l'on voit la politique côtoyer les petits problèmes nés du monde scolaire. Ces derniers provoquent souvent les sarcasmes du peintre (il qualifie le cours d'un professeur de « perpétuelle orgie »), ou activent ses angoisses, notamment celles des leçons non apprises. C'est le temps heureux des camarades et des « petites amies », et Dalí, dans ce domaine, adopte souvent une attitude distante et supérieure, proche de ce « dandysme absolu » dont il se parera dans *Vie secrète.*

Son ami Jaume Miravitlles, de deux ans son cadet, aussi politisé que lui, apparaît souvent dans ces cahiers. Joan Subias, un peu plus âgé que Dalí — il deviendra professeur d'histoire de l'art — a aussi beaucoup d'importance. Il est son meilleur interlocuteur dans le domaine artistique. Ramon Reig, un futur aquarelliste non dépourvu d'intérêt, fait lui aussi quelques apparitions. Quant aux filles, il y a Estela, son premier amour; Lola, la confidente; Carme, qu'il fréquentera pendant cinq ans, et qu'il appellera « le plan quinquennal » dans *Vie secrète.* Dans ce dernier ouvrage, le coup de foudre prend une dimension hyperbolique et la relation sexuelle un aspect labyrinthique. Ici, en revanche, on est plus proche de ce que devait être la réalité des amourettes adolescentes, ingénues, mais ponctuées de dissonances et de déchirements, qui obligent le narrateur à garder une attitude distante et souvent sarcastique.

La distanciation antiromantique que suscite très souvent l'amour dans ces pages contraste avec la façon dont les choses de l'art sont appréhendées. La suffisance ironique que le jeune Dalí adopte vis-à-vis de ses camarades et amies se transforme en passion dès que l'auteur aborde l'art et la création. Il suffit de lire les pages relatant sa visite de l'Exposition de Printemps au palais des Beaux-Arts de Barcelone, en 1920, et sa réaction devant les toiles de Mir.

Son attitude face à la création artistique est, dans ce journal, on ne peut plus claire : Dalí se considère comme un futur peintre. Et c'est cette décision arrêtée, qui ne laisse planer aucun doute, à propos de son avenir professionnel, qui guide toujours son regard. En outre, se considérant comme un peintre impressionniste, il tend à s'extasier devant le spectacle de la nature, qui déclenche en lui les sentiments les plus élevés.

Son admiration pour l'impressionnisme se traduit par une série de tableaux de mœurs pleins de vie et de saveur locale : un petit pèlerinage, un concert mémorable, un numéro de cirque avec une dompteuse de lions, un spectacle de music-hall minable, une excursion à Llançà. Tout ce qui a un air léger et pittoresque semble capter son attention.

L'image de Figueres, qui se dessine en filigrane dans ce journal, est très intéressante. La petite ville du Haut Empourdan apparaît comme un petit monde routinier, sympathique, vaguement cultivé, prodigieusement béni par le climat, et même non dépourvu de quelques petits défauts qui font que cette image idyllique ne devient pas insupportable. Ainsi cette scène où un jeune professeur fait part de son désarroi à ses élèves, en plein cours, faisant naître un fort sentiment de culpabilité chez ses auditeurs. Une scène qui aurait pu naître de la plume du meilleur Baroja, un des écrivains préférés de Dalí à l'époque. Sa vision riche et complexe de Figueres lui permet de construire un authentique microcosme qui revêt souvent des tonalités élégiaques.

Cette vision riche et complexe de la réalité laisse penser que Dalí était aussi un écrivain de talent. À quinze ans, il nous offre déjà un échantillon de ce don instinctif qui lui permettait de transformer en mots ce que son regard captait du monde extérieur. Dans ce journal, le jeune peintre laisse poindre quelques-unes des obsessions qui apparaîtront plus tard dans son œuvre. Dans ses « impressions », déjà, ses obsessions visuelles ou théoriques s'ébauchent. Mais ce qui annonce le Dalí futur, c'est avant tout la volonté autobiographique. Ce besoin obsessionnel de laisser une trace de soi peut seul justifier l'obstination qu'il mettait à transcrire la moindre activité quotidienne. Cette obsession est très intéressante en effet. Elle semble confirmer que Dalí, jusqu'à son livre *Vie secrète*, était en quête d'autobiographie. Écrits, tableaux, actions, assemblages, objets, n'étaient que des morceaux d'une vaste toile, en attente d'un titre. Son iconographie complexe prend tout son sens si nous la regardons comme un grand projet biographique dans lequel les pièces qui la composent — persistantes, répétitives — représentent des indices : ce que nous avons devant les yeux n'est pas exactement ce que nous voyons. Comment expliquer autrement la présence du monde familial pendant les premières années, avec Cadaqués pour toile de fond : son père, sa sœur, sa tante, sa grand-mère, remplacés plus tard par l'omniprésente Gala ? Comment comprendre la symbolique mise en œuvre, directement liée à la sexualité, aux mythes œdipiens et aux scènes primitives ; et les allusions à la putréfaction et à la décomposition ; et la présence constante de la mélancolie, si ce n'est comme une nécessité obsessionnelle de reconstruire le temps passé ? Le fait que Dalí passa tant d'années à élaborer une image précise et détaillée de sa vie n'est pas anecdotique. Au contraire, cet « autobiographisme » si particulier (qui n'a rien à voir avec la « vie réelle ») semble donner un sens à l'œuvre. C'est en cela que le texte que nous présentons est lié à la production future du peintre. Nous pouvons affirmer que ce journal est la première étape d'un projet qui ne cessera de grandir jusqu'à son point ultime. En nous offrant une première image de Dalí, il nous fournit également un contrepoint précieux qui nous permet de mesurer toute la distance qui sépare le Dalí proche de la réalité de l'autre, plus distant, complexe, construit, résultat d'un extraordinaire effort d'élaboration, que le peintre déploya tout au long de sa vie.

En résumé, le Dalí que ce texte nous dévoile est un mélange très équilibré d'ingénuité et de maturité. Le jeune Salvador passe sans souci de continuité, et avec désinvolture, de l'armée Rouge aux problèmes d'algèbre, des altercations au Congrès aux flirts avec Carme, de l'exécution d'anarchistes à Saragosse aux couleurs mélancoliques d'un crépuscule d'automne. Ce ton original et unique fait de cette première tentative littéraire un texte important : tout d'abord, pour les spécialistes de son œuvre, grâce à la quantité d'informations qu'il contient, et pour ce qu'il nous permet de déceler de déterminant dans la formation de l'œuvre. C'est en outre un document historique très intéressant dans lequel nous découvrons le monde déchiré, en convulsion, mais aussi débordant d'enthousiasme, qui fait suite à la Première Guerre mondiale.

*

Dès que nous avons envisagé de publier ce journal, un double objectif s'est imposé à nous : le livre devait s'adresser au plus grand nombre, sans que cela nuise à l'édition. Ce qui nous a obligés de considérer les questions délicates que le manuscrit posait. D'une part, la langue, celle du jeune Dalí; de l'autre, la présentation du texte qui, parce qu'incomplet, pouvait présenter quelque gêne à la lecture.

En tant que *scriptor linguae catalanae*, Dalí nous pose des problèmes considérables. Du fait de sa connaissance imparfaite de la langue catalane, il s'enlise souvent dans des exercices de style embarrassés. Ces derniers mettent en évidence les limites de son bagage linguistique, mais aussi, simultanément, son envie d'exceller dans l'art d'écrire. En outre, comme nous l'avons déjà dit, Dalí écrivait d'un seul jet, sans se corriger. Le résultat est une langue si curieuse qu'elle en devient pittoresque. Trop pittoresque peut-être, car entre l'orthographe simplifiée, quasi sténographiée, la ponctuation tout à fait personnelle, et la syntaxe fantaisiste, le texte finit par être difficile à lire.

Vu que nous voulions réaliser une édition lisible et agréable, nous avons écarté d'emblée une édition qui eût recueilli scrupuleusement toutes les particularités de l'écriture dalinienne. Un tel projet eût converti l'édition en un travail pour spécialistes, ce qui n'était pas le but recherché.

L'autre possibilité était de réaliser une transcription avec toutes les corrections nécessaires, et de couler l'écriture du peintre dans le moule des normes grammaticales. En un mot, « traduire » le manuscrit en catalan standard. Mais en procédant ainsi, ce que nous gagnions en compréhension nous le perdions forcément en couleur et en saveur. J'ai signalé plus haut que, malgré ses imperfections et ses irrégularités, la prose dalinienne était très juteuse et brillante, bourrée d'inventions et de tours personnels. C'est pourquoi la deuxième solution ne nous a pas satisfaits non plus (bien que ce n'eût pas été la première fois que l'on eût recours à une transposition de ce genre : n'oublions pas que les textes de Dalí sont toujours passés au préalable par d'autres mains ; il est facile de le vérifier en comparant les textes édités et les manuscrits ; ces métamorphoses eurent lieu dès le début, lorsque certains de ses premiers textes étaient publiés dans des revues, comme *L'Amic de les Arts* ou *Le Surréalisme au service de la Révolution* ; et alors même que Dalí eût été en mesure d'exercer un contrôle sur ces textes — nous le supposons. Ces « traductions » en langage standard ont été utilisées encore récemment pour la correspondance ou d'autres textes inédits.

Nous avons donc écarté ces deux possibilités. Un seul chemin s'ouvrait à nous : intervenir sur le texte et rendre le catalan dalinien rudimentaire, coloré, brillant, dans une langue accessible, sans toutefois renoncer à ce qui fait sa spécificité. Il est évident que ce genre d'opération comportait certaines difficultés et de nombreux risques. À commencer par la difficulté de fixer des limites à cette intervention. Que fallait-il corriger ? l'orthographe ? la syntaxe ? Que faire des hispanismes ? des formes dialectales ? des expressions archaïques ? Nous avons essayé de pallier à ces inconvénients en nous imposant des critères stricts, et en limitant nos champs d'intervention. Afin que nul doute ne subsiste, nous les avons énumérés et détaillés dans l'édition catalane de ce journal. Le lecteur intéressé pourra s'y reporter.

Quant à la présentation du texte, les problèmes étaient moins épineux. Là aussi notre volonté d'offrir une édition lisible et compréhensible pour tous et respectueuse du manuscrit nous a obligés à effectuer quelques choix. Le lecteur en trouvera le détail dans l'édition citée.

À l'aide de ces indications le lecteur pourra se faire une idée des grandes lignes qui ont orienté le présent travail. Nous espérons que l'équilibre entre fidélité au manuscrit et respect du lecteur a été réalisé et que ce juste milieu sera profitable à ce dernier.

*

Publier un texte de ce genre est presque toujours le résultat d'un long travail et d'une somme d'efforts assidus. C'est pourquoi je tiens à remercier les nombreuses personnes qui m'ont aidé à faire aboutir cette édition. Je mentionnerai tout d'abord Ramon Boixadós, président de la Fondation Gala-Salvador Dalí, le peintre Antoni Pitxot, directeur du Théâtre-Musée Dalí, dont les conseils, précieux et utiles, m'ont aidé à résoudre certains points épineux; Montse Aguer, coordinatrice du Centre d'études daliniennes, qui nous a assistés dans le travail de transcription du manuscrit, et nous a aidés à élucider les nombreuses questions que posait l'édition de ce texte. Je tiens à remercier également, pour l'aide et le soutien qu'ils m'ont apporté, Josep M. Bernils, Fernando Gallego, le prestidigitateur Hausson, Carles Hernández, Mercè Martínez, Francesc Quílez, Enric Ucelay da Cal et Francesc Vallverdú. Je remercie enfin Francesc Canet (Institut Ramon Muntaner de Figueres), Narcís Oliveras (Archives particulières), Erika Serna (Archives du Haut Empourdan) et Lluïsa Vidal (bibliothèque Carles Fages de Climent, Figueres) pour m'avoir aidé dans mes recherches.

Fèlix Fanés

Journal : 1919-1920

Mes impressions et souvenirs intimes

1919

Novembre

Lundi 10 novembre[1]

Il a fait un temps incertain toute la journée. Après le déjeuner, de gros nuages noirs ont recouvert le bleu du ciel. Puis un orage du diable s'est éternisé jusqu'au soir. À la fin du cours de dessin[2], il est passé, le ciel est devenu limpide, transparent, comme d'habitude.

Avec le compagnon nocturne[3], on n'a pas eu plus de chance aujourd'hui qu'hier.

La rumeur court qu'on aurait trouvé une solution au lock-out[4], mais j'ai comme l'impression que ce n'est pas vrai. De toute façon, rien n'est certain. *El Sol* n'est pas arrivé aujourd'hui[5].

M. Pepito Sans[6] m'a fait subir le martyre avec un problème d'algèbre. Heureusement, j'ai bien répondu.

Mardi 11 novembre

Frederic Rahola vient de mourir dans notre beau Cadaqués[7]. Paix à son âme!

Il a fait une journée semblable à celle d'hier. Quant au lock-out, grâce à la bonne volonté de la commission paritaire, les deux parties ont réussi à se mettre d'accord sur un texte. Puis les négociations ont brusquement été rompues. Comme toujours, à cause de l'intransigeance des patrons : ils ne demandent pas mieux que de lever le lock-out quarante-huit heures après la reprise du travail. Bien sûr, cela a soulevé l'indignation des délégués ouvriers, qui ont quitté la table des négociations. Le camarade Pestanya a assuré que la commission paritaire ne tarderait pas à se ressouder après cet incident.

Les armées rouges[8] continuent leur avancée victorieuse. Trotski[9] a brillamment sauvé la révolution. Il ne cesse de recevoir des messages radio de félicitation. Le soviet de Petrograd la rouge a envoyé des étendards au front pour les valeureuses divisions bolcheviks. En un effort suprême, celles-ci ont définitivement vaincu les armées tsaristes. La nouvelle des dernières victoires a causé parmi les bolcheviks un délire de joie, un enthousiasme fou.

Aujourd'hui... comme les autres jours... nous lui sourions en guise de salut...

Mercredi 12 novembre

Journée mélancolique, nuageuse. M. Sans m'a interrogé. Après le déjeuner, on est allé se promener avec les frères[10]. On a cheminé à travers des champs d'oliviers. Au loin, une pesanteur plongeait le paysage dans un somme silencieux et triste. Capdevila[11] nous a raconté ses aventures, sa vie d'étudiant. Comme d'habitude, il a fini par fantasmer sur les *phénomènes* et Sherlock Holmes.

Sur le pupitre de dessin j'ai trouvé un petit billet d'Estela[12]. Elle dit qu'elle est très triste parce que je ne lui ai pas écrit... Avec le compagnon nocturne, comme chaque jour...

Après le dîner, j'ai lu *El Sol.* On y apprend que les camarades ouvriers de Barcelone ont arraché aux patrons un délai de quarante-huit heures afin de leur faire accepter les conditions qu'ils proposent; dans le cas contraire... (la censure empêche de lire au-delà).

Selon Corpus Barga[13], Sadoul[14], le héros bolchevik, sera élu député de Paris, malgré sa condamnation à mort par le conseil de guerre.

Aux États-Unis, la propagande « maximaliste » se poursuit. On a compté plus de mille arrestations en une seule journée. On sait que la chute de l'actuel gouvernement est proche. Il sera remplacé par les soviets. On a découvert un grand nombre de munitions, de mitraillettes, de documents subversifs et de drapeaux rouges dans les centrales ouvrières et révolutionnaires.[15]

En Angleterre courent d'importantes rumeurs politiques en faveur d'une signature de paix avec les soviets russes.

Plus ça va et plus devient imminente et palpable l'arrivée de la révolution mondiale. Je l'attends avec une angoisse mêlée de désir. Je l'attends à bras ouverts, ce cri aux lèvres : Vive la république des Soviets! Et si pour parvenir à une vraie démocratie et à une vraie république sociale, il faut en passer par une tyrannie, alors : Vive la tyrannie!

Jeudi 13 novembre

Une journée plutôt sereine, mais froide. On croit être parvenu à une solution. La solution des ouvriers, mettre fin aux grèves et au lock-out en même temps[16]. On croit savoir que le gouvernement y est pour quelque chose. De toute façon, les journaux continuent à ne pas arriver.

Ioudenitch[17] a reculé précipitamment sous la pression des armées rouges. On croit qu'il va être encerclé, annihilé. Il cherche le bâton pour se faire battre.

Aux États-Unis et au Portugal les éléments extrémistes ont fait du bon boulot. En avant, toutes!

À Paris, la grève des imprimeurs vient d'être décidée. On ne publie que *L'Humanité*[18]. Corpus Barga affirme que c'est là l'influence russe qui se manifeste; et que le Français est un Russe, le révolutionnaire qu'il a toujours été[19]. *L'Independent* déclare qu'« on ne vote pas pour un candidat mais pour des principes ». Très bien! Mais ce n'est pas ce que vous faites.

Camba[20], lui, trouve que l'Espagnol n'est pas assez sérieux pour avoir de l'humour. J'adore!

Aujourd'hui j'ai fait le pitre comme jamais. En cours de dessin, on a ri comme des fous. M. Núñez[21], le professeur, dans un excès de libéralité, nous a accordé toute latitude : liberté totale. L'art ne peut s'accommoder de carcan! On le sait mais on a trop tendance à l'oublier. Je ne me laisserai plus avoir. De toute façon j'applaudis à cet aveu.

J'ai écrit quelques vers, griffonné un bonhomme parci, par-là, sur le dessin d'Estela. Les voici :

L'après-midi s'achève mélancolique et douce
tel un pressentiment
La feuille tombe de la branche morte

au souffle suave du vent
c'est l'angoisse qui commence
c'est le prélude à l'hiver...

Les jardins sont couverts de feuilles
entre les ombres chante une fontaine
les arbres ne sont que froides dépouilles
tout est triste c'est l'automne
et en ces heures de profonde mélancolie
mon cœur transpercé par la lance
de son amour ressent le regret
de son souvenir ressent la joie

On m'a dit qu'à l'amour
tu ne croyais pas
que dans ton cœur
les tisons se sont éteints
laissant place à la froideur

Comment penser de la sorte, ange d'amour,
ne sais-tu pas combien je t'aime ?
ne sais-tu pas que mon cœur
est plus libre qu'un oiseau
mais désire être esclave
esclave soumis à ton amour ?

Ton amour qui ne t'oubliera jamais !
S. D.
N'hésite plus, je t'en prie.
Avec le compagnon nocturne, comme hier, et hier, comme d'habitude : amoureux !?

Vendredi 14 novembre

Les journaux sont arrivés[22].

Il a fait un temps pluvieux, maussade. On a enfin signé le texte mis au point par la commission paritaire. Les délégués syndicaux ont été reconnus comme des interlocuteurs à part entière par le gouvernement et les patrons. Ces mêmes patrons qui, avec l'aide de Maura[23], ont pourchassé, jeté en prison, outragé ceux qu'ils sont contraints d'accepter aujourd'hui.

Je n'ai pas reçu de réponse au poème de la veille. J'en suis étonné. On m'a pourtant dit qu'Estela voulait me parler…

(en dessin)

À la dernière heure, on a fait tellement de bêtises que le professeur nous a mis à la porte.

Avec le « Nocturne », rien…

Sans m'a interrogé à nouveau ! Je m'en suis tiré tant bien que mal.

Samedi 15 novembre

Il a fait une journée d'automne magnifique. Au lycée[24] j'ai eu une trouille colossale. Je pensais que Sans m'interrogerait sur des cours dont je ne savais strictement rien. Heureusement il m'a interrogé sur un théorème que je connais sur le bout des doigts. Mais la trouille que j'ai eu, ça, je ne lui pardonne pas !

Dans certaines usines, ces messieurs les patrons ont mis à la porte les délégués. Les camarades se sont immédiatement mis en grève. C'est reparti ! Il ne peut pas en être autrement, ces gens-là sont intraitables !

À Paris, la grève des imprimeurs se poursuit.

Pour le reste, comme tous les jours…

Dimanche 16 novembre

Une tramontane glaciale a arraché les feuilles mortes et les a emportées à son gré avec une cruelle ironie. Le ciel demeure d'un bleu immaculé.

À midi est arrivé notre bon député, August Pi i Sunyer[25]. Les jeunesses républicaines ont offert un banquet en son honneur.

Après le déjeuner j'ai dessiné. Il y a longtemps que je n'ai pu me concentrer sur l'art. Je crois avoir beaucoup avancé. Llúcia[26], mon vieux modèle, est restée immobile, patiente, somnolente, tandis que je vainquais les obstacles avec fièvre et courage. J'ai résolu un à un les problèmes qui se sont présentés. Puis j'ai terminé la couverture d'une pièce de mon ami et cher humaniste Carles Costa[27]. Quand les ombres du crépuscule ont plongé ma chambre dans la pénombre, j'ai laissé Llúcia, qui en observant le dessin s'est exclamée, ingénue : « Je n'arrête pas de te le dire : sors-moi ces rides ! Petit gars de malheur ! De vraies ornières, sapristi ! »

En passant sur la Rambla[28], j'ai vu Estela vêtue de noir. Elle a esquissé un sourire amoureux, en guise de salut. On m'a dit qu'elle vient de perdre son grand-père. Les feuilles sont tombées à foison, jonchant le sol d'un tapis doré… puis il a fait nuit…

Au guichet j'ai demandé : « Une, de préférence. » J'ai grimpé les escaliers de Chez Garida[29] et j'ai retrouvé le compagnon nocturne qui m'attendait. C'est ici, a-t-il dit en me voyant. Après quelques variétés ils ont éteint les lumières. La projection a commencé : *Les Bijoux de l'Empire*, un film à épisodes, tout ce qu'il y a de plus stupide. Je suis resté près de lui mais sans pouvoir discuter : sa grand-mère veillait. Malgré la tramontane, avec Aupi[30], on s'est promené sur la Rambla.

On croit savoir qu'une partie des ouvriers a refusé

d'obéir au Gars du Sucre[31] car ils ne veulent pas appliquer les accords de la commission paritaire. Pas une once de vérité là-dedans; du mensonge pur et simple.

J'attends avec émotion le résultat des élections françaises, belges, italiennes[32].

La proposition de paix des soviets est magnifique, et juste[33].

Lundi 17 novembre

On voit bien que les syndicats sont organisés et plus déterminés que jamais. Après s'être retirés de la commission paritaire (pour des raisons que la censure interdit de publier), les ouvriers sont en proie à une grande agitation[34]. Le Syndicat Unique[35] vient de proclamer que tant que les patrons n'appliqueront pas les mesures accordées et signées par la commission, il ne reviendrait pas à la table des négociations. Barcelone traverse une période grave. Si les patrons persistent et ne font pas preuve de plus de dignité et de noblesse, Seguí et Pestanya ne pourront pas contenir la vague rouge des syndicalistes exaltés et fanatiques. Après tant d'injustices, ils ont soif de revanche. Le patronat, lui, ne voit pas le danger — ou ne veut pas le voir — et les provoque jusqu'à l'affrontement. Il met sa confiance en l'armée, la police, Maura, la Garde civile, la force matérielle. L'ouvrier est mû par des idéaux sublimes. Et l'histoire montre que, par-delà les armes, c'est la force spirituelle de la classe opprimée qui finit par s'imposer.

En France, les socialistes vont perdre les élections[36]. Cela ne veut pas dire que la France ne soit pas socialiste mais que les vrais socialistes ne se rendent pas aux urnes. Ils fabriquent des canons et des mitraillettes. Dans un régime capitaliste, à quoi sert un député?

L'armée soviétique collectionne les victoires.

En dessin, on s'est moqué d'Imbert[37], le « séparatiste fanatique ! » qui demande la révision du traité d'Utrecht.

C'est un peu gros, non ! Qu'en période de lutte des classes, on vienne parler du traité d'Utrecht ! Que Dieu les ramène à la raison !

En sortant du cours, l'air était suave, humide. À pas lents, tout en discutant d'*elle*, l'ami nocturne m'a accompagné jusqu'au seuil de la maison...

Mardi 18 novembre

À Barcelone on dirait qu'ils arrivent à se mettre d'accord à nouveau. Ils ont été obligés de transiger. En tout cas, ils ont promis de réintégrer tous les ouvriers, sans conditions[38].

Le tsariste Ioudenitch, vaincu, annihilé, vient de démissionner. À la bonne heure ! Koltchak[39] a essuyé de retentissantes défaites. Il a été obligé d'évacuer la ville d'Omsk. Dénikine[40], affolé par le sort de ses compagnons, s'est tenu sur la défensive.

En attendant, c'est un été qui vient de s'écouler, et les soviets n'ont rien perdu de leur détermination. Ils ont même écarté la plupart de leurs ennemis. Bientôt l'hiver sera là, et la neige recouvrira de son blanc manteau les interminables steppes russes. Les combats devront cesser. Entre-temps, Trotski réorganisera l'armée et en finira avec les contre-révolutionnaires... Il est fort probable que l'Entente, voyant ses espoirs réduits à néant, devra transiger et signer la paix de Lénine[41], reconnaissant enfin la glorieuse et héroïque révolution russe.

Il a fait une journée sereine, transparente. Au lycée, on a joué au foot contre les sixièmes, et on a gagné ! En

dessin, on a beaucoup ri. En sortant, j'ai retrouvé mon père[42], on est allé étudier la préceptive[43]...
Aujourd'hui, impossible de la voir.

Mercredi 19 novembre

En sortant du cours de dessin linéaire, on est allé se promener avec le savantissime et illustre pédagogue. L'air était pur, le ciel bleu, le paysage inondé de soleil. Au nord, le Canigou est apparu couvert de neige. Assis sur la mousse humide, sous les agaves, la leçon de Vergés[44] a semblé moins rasante que d'habitude.

Après le déjeuner on est allé en promenade avec les frères. On a joué au foot. Avec ses lueurs d'incendie, le couchant irisait les champs et les montagnes lointaines de fines colorations. On a quitté le stade des Ingénieurs[45], plutôt goyesque, pour revenir chez les Maristes. Après une petite heure d'algèbre barbant, on est allé au rosaire, comme chaque jour. La rumeur cadencée et monotone qui a suivi l'Ave Maria m'a plongé dans un demi-sommeil. Ma pensée a déserté ce lieu idolâtre pour s'envoler vers les doux et calmes après-midi d'été, bercés par le chant des vagues...

J'ai discuté un moment avec le compagnon nocturne...

Elle[46] a souri en poursuivant son chemin, laissant sur son passage comme un parfum d'amour.

Les rouges poursuivent leur avancée victorieuse. Battu à plate couture, Longuet[47] a déclaré que l'on ne doit se consacrer qu'à la révolution. En effet, dans un régime capitaliste, si libéral qu'il se prétende, il est impossible de lutter dans la légalité.

Jeudi 20 novembre

Ce matin, M. Pérez[48], un professeur plutôt sympathique, m'a interrogé sur l'histoire universelle. Quant à l'énigmatique Sans, il m'a interrogé en algèbre. Je m'en suis très bien tiré.

À Barcelone, tout s'est arrangé *momentanément*, bien que de nombreux ouvriers soient en grève et que les foules continuent à jeter des pavés. La grève de *La Vanguardia*[49] se poursuit. Au Congrès espagnol, ils ont déjà commencé à s'insulter[50], en y mettant les formes toutefois. Mais ça viendra, ce n'est qu'un début ! Cierva[51], l'assassin de Ferrer, a attaqué avec cynisme le gouvernement de Sánchez Toca[52]. Cette fois, ils l'ont pris avec humour et se sont moqués de lui. Prieto continue de raconter quelques blagues de temps à autre, car cela détend l'atmosphère.

Les rouges sont entrés triomphalement dans Omsk, capitale de la Russie blanche.

Avec le compagnon nocturne, on était sur le chemin du retour lorsqu'on a aperçu un attroupement autour de l'étal de châtaignes grillées de la Manciana[53]. Ce qui m'a étonné car la Manciana est une femme plutôt calme, qui ne ferait pas de mal à une mouche. Elle a vieilli derrière son étal typique, qui a vieilli lui aussi… Je me suis frayé un passage dans la bousculade jusqu'au cœur de l'attroupement : la pauvre femme s'efforçait de parler castillan à deux policiers agressifs. J'ai demandé ce qui se passait, mais personne ne savait. Ne pouvant rien apprendre, j'ai pensé qu'on en parlerait demain. Mais le problème a été de faire demi-tour. À peine avais-je commencé de rebrousser chemin que tout Figueres était là ! J'ai donc bousculé des gens à mon tour et distribué quelques coups de poing. J'ai piétiné la queue d'un chien, j'ai quasiment renversé (…) une douzaine d'enfants qu'on aurait cru tombés du berceau ; ils n'en ratent pas une ceux-là pour être là où il ne faut pas et pour se faufiler entre les jambes juste pour voir qui va se faire le plus mal et partir en hurlant. Enfin, j'ai réussi à me dégager, mais sans en savoir davantage. Je suis allé dîner.

Beaucoup de monde de l'extérieur est venu mettre de l'animation, comme chaque jeudi[54], dans ma ville bien-aimée[55].

Vendredi 21 novembre[56]

Il a fait une journée ensoleillée, paisible. Ce matin Sans m'a interrogé à nouveau en algèbre : ce n'était pas fameux.

Au Congrès les insultes ont été plus nourries qu'hier.

Avec le compagnon nocturne, rien de nouveau.

Après le dîner j'ai écrit à mon ami Xirau[57].

« Cher ami,

« C'est avec joie que j'ai reçu ta lettre.

« Ici à Figueres, comme tu t'en doutes, il ne se passe rien d'extraordinaire. Une semaine durant, M. Sans m'a interrogé en algèbre, matière peu sympathique et stupide, s'il en est.

« Le savantissime et illustre pédagogue Vergés nous fait avaler des tartines de préceptive que je ne lui pardonnerai jamais.

« L'autre jour, dans un excès d'éloquence, il a dit ce qui suit. Je le transcris car je crois que ça mérite de passer à la postérité :

« “Dans les chutes d'eau, les immenses cataractes, les grands précipices, ne voyons-nous pas les gouttes traverser l'abîme, heurter les rochers, se pulvériser, se pétrifier, prendre des formes extravagantes? Vous comprenez, n'est-ce pas?"

« Et ceci :

« "Les artistes distribuent leurs connaissances au commun des mortels comme avec un compte-gouttes."

« C'est pas des blagues. Authentique!

« Le dessin linéaire est vraiment barbant.

« En dessin on plaisante un maximum. Imbert est toujours le clown de service. Au Théâtre Principal[58] il y a une compagnie qui travaille d'arrache-pied, et qui fait preuve de bon goût dans le choix des œuvres. Je les rejoins le dimanche après-midi, quand je ne dessine pas.

« C'est ainsi que je passe mes journées, dans la monotonie de cette ville ampourdanaise, sous le soleil. J'ai la nostalgie de mon magnifique Cadaqués… Te souviens-tu des après-midi calmes et doux, passés près de la rumeur des vagues? des nuits argentées de lune? des matins accablants, allongés sous la brûlure du soleil, à lézarder religieusement?

« J'aimerais être à tes côtés pour discuter de *L'Automne du bolchevisme*[59].

« Vois comment ces petits chefs, criminels tsaristes, se sont trompés.

« Leurs espoirs de conquérir Petrograd la rouge (ce qui eût réjoui les directeurs de *La Publicitat*[60], *Vanguardia*, etc.) se sont transformés en une amère réalité : une suite de déroutes qui les ont annihilés!

« Je suis désolé pour M. Tayà[61], et compagnie, qui voyait déjà le bolchevik assaisonné avec poivrons et tomates.

« Mais il faut se consoler, MM. Bourges et milices, ne savez-vous pas que les révolutions ne sont pas à vendre?

« Meilleurs souvenirs à la famille. Bons baisers. À bientôt.

« Ton cher ami.

« Salvador. »

Samedi 22 novembre

Ce matin, en arrivant au lycée, j'ai constaté avec stupeur que toutes les filles étaient absentes. Les garçons, en groupes, y allaient de leurs commentaires. Et voilà que M. Eixarch[62] vient d'avoir l'idée géniale de séparer filles et garçons ! De quel droit ?

À l'annonce d'une telle décision, un murmure de protestation s'est élevé, menaçant. C'est là mettre en doute notre moralité ! Dès qu'une fille arrivait, les sbires la faisaient passer dans la bibliothèque. Elles ont protesté haut et fort. Elles nous ont fait savoir que nous leur manquions terriblement et que nous devions les délivrer de cette prison.

On a couru vers la sortie pour se coller à la grille qui donne sur la rue. De là on a discuté avec elles et on a ri. À l'heure du casse-croûte, on est allé leur acheter du pain et du chocolat.

Après-demain je mettrai en place une délégation pour aller protester auprès du directeur. S'il refuse la mixité, on ne rentrera que pour les heures de cours. Le reste du temps, on le passera dehors ensemble.

Sans ces charmantes demoiselles, l'étude de l'algèbre, de rébarbatif deviendrait carrément pénible. Elles nous font oublier les mauvais moments que nous infligent les professeurs et brisent la monotonie de la vie lycéenne.

Au Congrès espagnol a eu lieu un chahut des plus mémorables de l'histoire parlementaire (quelques jours seulement après l'ouverture de la session).

Républicains ministériels et socialistes contre ciervistes. Ils se sont traités de tous les noms. Ils en sont venus aux mains, et à la trique[63].

L'altercation a duré plus d'une demi-heure alors qu'un formidable scandale régnait dans les tribunes, où l'on tempêtait contre le Congrès et le système parlementaire dans un vacarme assourdissant, un vrai tremblement de terre.

Au milieu des insultes et des altercations, le président a brisé six clochettes avant de clôturer la séance. Il a quitté ce lieu avilissant dans la bousculade.

Pendant ce temps la masse des honnêtes gens cuit dans les hauts fourneaux, écrasée sous le poids d'une grande injustice... Pendant ce temps patrons et hommes d'affaires s'enrichissent sur le dos d'autrui. Ils mènent une vie basse et corrompue, protégés par l'argent usurpé, la Garde civile, l'armée... Un tel contraste, ça vous donne envie de poser une bombe au parlement, afin que cesse cette farce, ce mensonge, cette hypocrisie !

Les rouges poursuivent leur avancée.

Le temps est incertain, mélancolique.

M. Sans m'a interrogé. Catastrophique !...

Dimanche 23 novembre

Il a fait un temps délicieux. Je n'ai pas assisté à la messe ce matin chez les frères, comme d'habitude. Je me suis levé avec des idées noires, des soucis. Mon esprit s'est éclairci peu à peu, faisant place à la bonne humeur.

Après le déjeuner je suis allé au Principal. On y donnait *Feu nouveau*, l'œuvre à succès d'Iglesias[64].

J'ai discuté avec l'ami nocturne. À la sortie, j'ai

acheté des châtaignes. On est allé jusqu'au Casino[65] voir les gens danser.

Sur la Rambla on a plaisanté avec de charmantes demoiselles. Les huit coups ont retenti au clocher, calmement. J'ai quitté la Rambla, fait du lèche-vitrine, je suis rentré à la maison. Mon père m'attendait pour étudier la préceptive.

Les troupes soviétiques sont entrées victorieusement à Kiev et Omsk[66]. Lloyd George[67] dit que l'on doit mettre un terme à nos relations troubles avec la Russie. C'est trop risqué. Il faudra bien y parvenir pour vivre en intelligence et en harmonie.

Lundi 24 novembre

Il a fait une journée sereine, calme, comme hier. Ce matin, au lycée, j'ai réussi à semer la révolte parmi les filles. Elles ont fui la bibliothèque pour nous rejoindre.

À la dernière heure de cours, on a appris que les professeurs avaient renoncé à leur décision absurde.

Madrid est en proie à une grande agitation sociale. Les boulangers se sont mis en grève[68]. Ils ont chargé, se sont battus. On craint que la grève ne s'étende à tous les métiers de bouche.

À Barcelone ils ont posé une autre bombe[69]. Encore le terrorisme ! Et c'est tant mieux !

Avec le compagnon nocturne, rien…

Mardi 25 novembre

À Madrid la grève se poursuit, les boulangeries ont été prises d'assaut. La situation est très grave (du côté des patrons, s'entend !). Le pain commence à manquer.

Nombreux sont ceux qui passent la nuit devant les portes des boulangeries afin d'être les premiers servis.

Des rumeurs s'intensifient, se confirment, à propos d'un rapprochement entre Alliés et soviets.

Pas de changement quant au reste.

Ce matin M. Sans m'a interrogé (pour changer). Je m'en suis très bien tiré.

En sortant du cours de dessin l'air était humide et frais...

Nous l'avons croisée, l'avons saluée, sans plus. Une amie l'accompagnait !

Mercredi 26 novembre

Il a fait une journée magnifique. Après le déjeuner, nous ne sommes pas allés en promenade avec les frères. Je suis resté à la maison pour terminer la couverture de Costa[70]. C'est d'un style tout à fait primitif.

Les dernières lueurs de l'après-midi finissant se sont peu à peu estompées derrière les montagnes de Sant Pere de Roda et la clarté bleuâtre du crépuscule a enveloppé d'un voile épais la place de la Palmera[71]. Le tonnelier frappait avec monotonie le cerceau de fer tandis que l'orgue du Pou et de la Puce[72] jouait un air triste...

Après le goûter, pain et chocolat, je suis parti dans la pénombre chez les Maristes : j'ai fait un peu le pitre, puis j'ai assisté au rosaire avant d'aller au cours de dessin.

L'ami nocturne et Díaz[73] m'ont raccompagné à la maison.

À Madrid une issue a été trouvée à la grève des boulangers. À Saragosse, en raison de la grève générale, on a décrété l'état de siège. À Barcelone, trois engins explosifs ont été lancés sur la capitainerie générale. La police (pour ne pas déroger à la tradition) a arrêté un pauvre bougre qui n'avait rien à voir là-dedans[74].

Sinon rien de nouveau, et comme j'ai une leçon d'histoire universelle à étudier, j'arrête.

Jeudi 27 novembre

À Barcelone des engins explosifs ont été lancés. On croit savoir que des ouvriers se sont mis en grève générale et que les patrons ont décrété le lock-out. Vingt mille ouvriers du bâtiment auraient cessé le travail[75].

Au Congrès il n'y a pas eu d'altercations; on a discuté de la réquisition des boulangeries par le gouvernement : heureuse mesure...

Ce soir, en cours de dessin, nous avons fait les pitres comme pas deux : un chahut d'enfer.

L'ami nocturne m'a offert un cadeau original : une souris tout à fait sympathique.

Journée monotone, grise...

Vendredi 28 novembre

Il a fait une journée triste, lisse, monotone, comme hier. Je pense que M. Mufle[76], le frère qui nous enseigne l'algèbre, est fou à lier : il a passé son après-midi à crier et à dire des bêtises.

À Madrid on prépare le lock-out. On voit bien que l'échec de celui de Barcelone ne leur a servi à rien.

Au Congrès, Saborit[77] a dit qu'il jugeait criminelle l'intervention dans le blocus de la Russie, car Lénine et Trotski n'ont rien fait contre l'Espagne. Il a déclaré que les socialistes ne jugeront pas les bolcheviks sur la base d'un petit nombre d'informations. Ils sont pleins d'admiration et d'amour pour la glorieuse révolution russe.

À Barcelone, rien de nouveau, tout est stationnaire.

(...) est malade.

Samedi 29 novembre

Il a fait une journée pluvieuse. Les feuilles tombent des arbres à foison et la couleur brûlée de l'automne adoucit la Rambla et les rues. M. Sans m'a interrogé, je m'en suis bien tiré. Les journaux ne disent rien de nouveau. Tout continue son bonhomme de chemin. Pendant que j'écris ces lignes, la pluie tambourine contre les vitres de ma chambre dans un murmure monotone. Sur la place de la Palmera, les gens emmitouflés défilent sous leurs parapluies. Ils pressent le pas. Ils se reflètent dans les flaques tout comme les maisons et les lumières des réverbères. Un gamin vêtu d'un chandail passe, un panier de châtaignes au bras, en criant : « Châtaignes chaudes ! » Il ouvre sa bouche et laisse échapper une volute de fumée. Il s'éloigne, au bas de la rue, et disparaît peu à peu. Au loin, on entend à nouveau son cri, qui résonne vaguement... Il pleut toujours...

Dimanche 30 novembre

Il a encore plu ce matin. C'est pourquoi je ne suis pas allé chez les frères, j'ai dormi un peu plus que d'habitude. À onze heures et demie, je suis allé chez le coiffeur. J'ai parcouru des yeux les bêtises du *Monde Graphique* et de *Blanc et Noir*. Le salon était bourré. Un gros monsieur aux grandes moustaches se plaignait haut et fort de la pénurie de tabac. Un cireur de chaussures racontait des blagues douteuses. Un groupe discutait d'un chanteur de variétés qui fait ses débuts cet après-midi au Garida. Et dans ce brouhaha, le bruit rythmé des ciseaux et des rasoirs parvenait à mes oreilles inquiètes et assoupies. J'ai été obligé de prendre des poses bizarres, incommodes, pendant un temps qui m'a paru interminable. Cela a fini par me donner le tournis. Je suis sorti enfin, heureux à l'idée que ce martyre ait pris fin.

À la messe de midi, Reig[78] m'a raconté qu'un paltoquet de troufion attendait chaque jour les filles à la sortie du cours de dessin. Puis qu'il raccompagnait la belle Estela. Ce n'est pas permis une chose pareille ! Il faut tout faire pour empêcher ce dégénéré de détourner de si jolies filles avec son baratin stupide. Nous verrons demain ce qu'il y a lieu de faire.

Après le déjeuner je suis allé en promenade en famille sur la route du château[79]. Le temps s'était adouci, les montagnes brillaient d'un soleil doré et tiède. On a contemplé l'Empourdan, toujours aussi beau, à travers une atmosphère pure et claire. La couleur de l'automne, douce, triste, maladive, l'enveloppait de mystère, telle une symphonie...

Puis on est allé au cinéma Garida. En compagnie de l'ami nocturne, j'ai discuté avec la « demoiselle de la nuit », par le regard[80]. Ils n'ont passé qu'une suite de navets, comme d'habitude. À la fin, on a vu une femme superbe, de type gitan, plutôt masculine, gracieuse, élégante. Elle dansait avec goût et un style extraordinaire. Dans la danse russe, surtout, elle a été admirable. Le décor était très artistique et de bon goût : de grandes tentures rouges et dorées l'encadraient entièrement.

Le public stupide a détesté — c'était à prévoir. Nous

avons été peu nombreux à applaudir dans la déferlante de protestations.

Puis une « soubrette-qui-couine » a chanté, même si on ne peut pas appeler ça « chanter ». Naturellement le public imbécile l'a ovationnée.

Je suis tombé sur Soler[81], le rival, qui était au cinéma aussi. Je lui ai lancé au passage un « Salut ! ». Il a souri avec malice.

Je suis allé dîner. *El Sol*[82] n'est pas arrivé. *La Publi* et l'autre[83] ne disent rien de nouveau. (Des bombes à Barcelone, comme d'habitude.)

Décembre

Lundi 1er décembre

Il régnait une grande agitation parmi les lycéens ce matin, car la rumeur court qu'ils ne donneront pas de congé jusqu'au quinze. On parle de former un comité de grève.

Demain ils déclarent le lock-out à Barcelone. Faut vraiment être con ! C'est quand même bizarre qu'ils ne voient pas qu'ils se coulent eux-mêmes[84] !

Pas de journaux en provenance de Madrid, car les rédacteurs et les imprimeurs ont voté la grève. Nous voilà à nouveau sans nouvelles, et revenus à la normalité, car l'anormalité c'est que les journaux paraissent[85].

Des miliciens dégénérés ont agressé un ouvrier et l'ont grièvement blessé. Tout le quartier s'est déplacé vers le lieu de l'agression. Il a fallu l'intervention de la police pour éviter le lynchage. On croit savoir que l'ouvrier est mort. Salopards ! Assassins[86] !

Ce soir, pas de militaire. On raconte qu'il est de garde. À la sortie du cours de dessin, un épais brouillard s'est glissé négligemment sur la ville assoupie...

Mardi 2 décembre

Nous sommes à la veille d'une grande révolution. Le gouvernement de Sánchez Toca[87] a remis sa démission, et selon un télégramme les militaires sont montés au créneau. On nous prépare une réaction violente, avec exécutions sommaires, etc. On veut nous refaire le coup de la « main dure », de la nécessité d'un pouvoir fort.

Si cela s'avérait vrai, la révolte serait inévitable. Ces vils dégénérés supprimeraient les assemblées, proclameraient la dictature militaire, une indigne tyrannie, et jetteraient en prison tous les syndicalistes avant de les passer par les armes.

Mais ce n'est plus comme avant. On ne peut plus imposer un gouvernement basé sur la seule force brute. Aucune force morale ne soutient la monarchie espagnole. À la première exécution, le prolétariat espagnol se soulèvera comme un ouragan pour abattre ce régime ignominieux, indigne, et proclamer la dictature ouvrière. En effet, face à la force du gouvernement, se dresseront comme un seul homme la force et la violence des opprimés. Alors viendra le temps du terrorisme, des jours sombres, des exécutions en masse, des combats de rue, des barricades… ce qui doit arriver arrivera, ce que les patrons et les capitalistes auront semé, indignation, révolte… Ce que les militaires et les milices attendent pour vaincre par les armes les sublimes idéaux du syndicalisme. Mais cette fois-ci, ce sera au tour des humbles et des opprimés, fous et fanatiques, d'épancher, dans le sang des rues de Barcelone, leur soif de justice et de haine. Et ceux qui les ont provoqués, assurés de la victoire, se retrouveront face à ce fanatisme ouvrier. Voyant qu'ils courent à l'échec, ils voudront pactiser, convaincre, séduire, mais ce sera trop tard. La déferlante rouge les engloutira, détruisant tout sur son passage… C'est eux qui l'auront voulu !

Si ce n'est aujourd'hui, ce sera demain. Mais dans le pays de Mauras et de La Cierva on devra en passer fatalement par une révolution à la russe. Trotski a prophétisé que l'Espagne suivrait l'exemple russe[88].

Il a fait une journée triste, comme pour saluer la montée d'un gouvernement de criminels et d'assassins… et la préparation d'une révolution, muette, sourde, majestueuse…

Mercredi 3 décembre

La rumeur de coup d'État militaire n'a été qu'une fausse alerte. Le gouvernement de Sánchez Toca a remis sa démission puis a accepté de revenir.

À Barcelone, la situation est toujours aussi grave à cause du lock-out, quasi général en Catalogne. La révolution approche…

Ce matin on m'a interrogé en préceptive et en algèbre. J'ai été très bon.

Après le dîner, j'ai lu des passages de Tolstoï, assez convaincants, comme presque tout ce que j'ai lu de lui. En voilà des hommes, MM. Bourges !

Il a fait une journée sombre, endormie.

Le militaire n'était pas au rendez-vous… on n'a pas vu la fille de la nuit.

Après le déjeuner, on est allé au stade des Ingénieurs. Là, sous les rougeoiements du couchant, on a joué au foot…

Jeudi 4 décembre

Il a fait une journée calme, joyeuse.

Cet après-midi, veille du « premier vendredi du mois », on est allé à la chapelle. Le pauvre curé Jordà[89], avec sa soutane élimée, nous a parlé de l'« orgueil », et nous a dit quelques mots en latin. À la fin on était tous dans un demi-sommeil.

Après un « Dieu te sauve Marie », chanté en chœur, sur un ton triste et hypnotique, on est sorti, heureux de laisser Jordà seul avec ses litanies et sa rhétorique qui n'en finit pas...

M. Puant[90] nous a gardés à plusieurs... Un grand silence régnait... seul le tic-tac de l'horloge brisait cette paix pesante et monotone. On a éteint les lumières des classes voisines, et après avoir psalmodié une prière, j'ai entendu les élèves sortir. Le silence est revenu. Mes yeux indifférents, somnolents, ont parcouru les strophes de Campo-Amor. M. Puant, incliné sur un gros livre recouvert de poussière, me faisait penser à une figure de retable ou une toile du Greco, avec sa soutane noire et empesée. Il y a eu un long moment de silence. Puis, finalement, de sa voix hypocrite, Puant m'a dit que je pouvais partir. J'ai serré avec répugnance cette longue main osseuse et j'ai claqué la porte derrière moi...

Au-dehors j'ai respiré avec satisfaction l'air humide du soir. La lune enveloppait tout de sa lueur argentée. Les étoiles vacillaient dans l'espace, suspendues dans le vide du firmament, serein et pur.

La situation de Barcelone est au pire.

L'artiste français, le peintre qui nous a restitué la France telle qu'elle est, douce, noble... l'auteur du *Moulin de la Galette*, de l'exubérante toile *L'Été*, et de tant d'autres œuvres importantes, vient de mourir[91] ! Renoir était sans nul doute un des meilleurs impressionnistes français, si ce n'est le meilleur. Celui qui sut dire toute la vérité, celui qui fut le plus sincère… C'est un jour de deuil pour tous les artistes, pour tous ceux qui aiment l'art, et s'aiment eux-mêmes.

Imbert m'a dit que le militaire était parti avec Estela…

La fille de la nuit n'est pas sortie de son nid plein de beauté et de parfums.

Vendredi 5 décembre

Il a fait une journée comme hier. J'ai lu *Gamiani*[92] d'Alfred de Musset. Cette œuvre a éveillé en moi une aversion pour le sensualisme grossier et stupide que l'auteur français dépeint de manière si juste, si aiguë et si naturelle.

Mes parents sont à Barcelone.

En sortant de chez les Maristes, la brise du soir faisait entendre sa rumeur mélodieuse dans les branchages. Un clair de lune très pur illuminait les murs des frères d'une lumière verdâtre et mystérieuse. Je ne suis pas allé à l'académie nocturne afin de suivre la belle Estela. Elle est allée écouter le sermon. Imbert et moi nous l'avons suivie dans l'enceinte sacrée. Le grand autel, débordant de pierreries et de broderies, était tout illuminé. Les voûtes sveltes s'élevaient majestueusement au-dessus de nos têtes découvertes. Des jeunes filles mêlaient leurs voix cristallines pour chanter une chanson… douce… sonore…

Le troufion est entré, avec empressement. Il s'est découvert la tête à contre-cœur. Il a lancé à l'entour un regard méprisant. Il est parti.

Un jeune prêtre, dodu, a fait un sermon vulgaire et

inconsistant, comme ils le sont tous. Il en est venu (comme il est d'usage) à parler de la « pomme », du « démon », du « monde » et de la « chair », puis il a terminé en latin, comme d'habitude.

À la sortie nous avons espionné Estela. Le troufion n'était pas dans les parages.

Il semble que l'offensive des rouges soit stoppée. Les troupes blanches ont fait leur entrée à Kiev. Mais l'hiver approche et les bolcheviks l'attendent avec angoisse. Lorsque la neige recouvrira les grandes steppes solitaires, les combats cesseront. Entre-temps, des millions d'ouvriers rejoindront l'armée Rouge, tandis que les tsaristes, qui ne se battent point pour un noble idéal, verront fondre leurs rangs d'assassins d'idéologie.

À Barcelone, comme hier.

On parle d'une nouvelle crise du gouvernement espagnol.

Samedi 6 décembre

Au lycée les élèves sont très agités. On a voté plusieurs grèves partielles.

La situation à Barcelone est au pire. Après-demain, dans notre ville bien-aimée, on déclarera le lock-out[93]. Ici aussi la lutte des classes commence à prendre forme et — ô paradoxe ! — les provocateurs et les initiateurs de cette lutte sont les patrons eux-mêmes ! Si dans cette ville ensoleillée et calme, saturée d'amour et de fraternité, les luttes sociales commencent si crûment, qu'en sera-t-il dans les grandes villes pleines de haine et d'égoïsme ? La révolution est imminente.

En sortant de chez les frères, toute la classe est allée chez M. Vergés demander la suppression du prochain cours de préceptive. On a grimpé les escaliers, on a frappé. M. Vergés est venu nous ouvrir, nous nous sommes découverts, on est passé dans le salon. Je vous écoute, a-t-il dit. J'ai pris la parole au nom de la classe, et j'ai expliqué qu'il ne restait que deux jours de classe et qu'on aimerait qu'il nous en fasse grâce. Son visage contracté s'est épanoui d'un air satisfait. Puis, reprenant son air sévère, il s'est mis à nous faire un discours rasant. Si j'étais directeur, nous a-t-il dit en postillonnant, je vous donnerais congé, mais je ne suis rien du tout. C'est le directeur qui commande. C'est lui qui a le droit de déterminer la durée des congés, vous comprenez? De toute façon, il suffit qu'un ou deux élèves soient présents... Vous voyez ce que je veux dire? Oui, monsieur, bien sûr, avons-nous répondu, anesthésiés par son blablabla. Puis, infatigable, il s'est mis à nous rabâcher ce qu'il venait de nous dire! Ce qui a eu pour effet que Marull[94], qui ne peut jamais se retenir en pareil cas, s'est mis à éclater de rire, et les autres ont fait chorus. M. Vergés a fait semblant de ne rien entendre et a poursuivi imperturbablement son laïus. J'ai fait des efforts surhumains pour retenir le rire qui me démangeait la gorge, mais cela s'est très vite transformé en un ricanement à peine dissimulé, puis en un éclat de rire, irrésistible.

On a ri comme des fous pendant quelques instants face à M. Vergés qui, surpris et indigné, nous a regardés fixement sans savoir quoi faire. Soudain, il a ouvert la porte et s'est exclamé, furieux : « Dehors, je ne veux pas de gens mal élevés dans cette maison! Malotrus! Allez, ouste, ouste, bande de mal élevés! » Et il nous a poussés vers la porte de ses mains tremblantes. On ne riait plus à ce moment-là.

« Vous, Dalí, Soler, Miravitlles[95], Turró[96], restez là. Vous êtes plus sérieux. (Peut-être n'a-t-il dit cela que parce que nous avions été les derniers à rire.)

Puis, une fois le silence rétabli, il s'est mis à reprendre son baratin… Nous souffrions le martyre. J'ai été plusieurs fois sur le point de m'esclaffer, et j'ai dû faire des efforts suprêmes pour me contenir. J'ai chercher une excuse pour pouvoir rire, mais… en vain. En voyant mes camarades, le visage crispé, les lèvres pincées, l'envie m'a repris de plus belle. J'ai passé des moments horribles, car je sentais qu'à un moment ou à un autre l'un d'entre nous allait exploser. J'ai eu des sueurs d'angoisse. Mais une fois sortis, on s'en est donné à cœur joie. Et j'ai respiré enfin avec satisfaction l'air humide du soir…

Litvinov[97] a offert la paix à l'Angleterre. Les soviets et les pays baltes reprendront bientôt leurs négociations[98].

1920

Janvier

Mercredi 7 janvier[99]

Ce matin j'ai assisté à l'enterrement du fils de mon professeur M. Eixarch. Il était handicapé mental.

J'ai discuté avec le père de Met[100], qui m'a raconté ses emprisonnements, du temps où il était anarchiste. Il était à Montjuïc. Il s'est battu à deux reprises avec la police à coups de bouteille. Ce sont des gestes qui vous honorent (de nos jours, tout homme intellectuellement honnête est sous les verrous). Ça m'a beaucoup intéressé et j'ai beaucoup appris sur le syndicalisme de cette époque. Quand il parlait du despotisme bourgeois, son regard brillait de haine. Il a ajouté : « Pourchassé comme un chien enragé, j'ai fui Barcelone. Je suis venu ici. À présent… à présent… plus rien ; tout change, même les idées… » Et comme s'il voulait s'en persuader, il a murmuré : « De nous-même… tout distribuer, le comptoir à l'un, les ciseaux à l'autre… non… non… que deviendrions-nous ? » Et il a souri.

Hélas, ceux qui ne voient que leur bien-être sont encore nombreux. Les ouvriers se battent actuellement pour leur dignité.

Une campagne de terreur sévit quotidiennement à Barcelone et dans l'Espagne, attentats, bombes, etc. Il est absurde de rendre les organisations ouvrières responsables de tels actes. Elles font preuve d'une orientation et d'une fermeté inégalées. Elles savent parfaitement qu'elles n'obtiendront pas la victoire par des actes aussi extrémistes. Au contraire.

Ce qui est vraisemblable — et même sûr —, c'est que la plupart des attentats sont le fait d'organisations bourgeoises qui jouissent de l'aide de l'État et des gens « de l'ordre ». Leurs hommes de main sillonnent Barcelone armés jusqu'aux dents afin de fournir des raisons à l'instauration de l'état de siège et au déclenchement d'une répression que réclament depuis longtemps les menteurs de la Lliga et les viles et répugnantes « jeunesses mauristes et ciervistes ».

On vient de commettre un attentat fantastique contre un homme répugnant. C'est lui, le vrai terroriste. On a tiré à cinq reprises sur la voiture du vil Graupera[101]. Il a été blessé et son chauffeur est mort. Comme dit le proverbe : Mauvaise herbe ne meurt jamais.

Un décret du gouvernement vient d'interdire la publication de revues syndicalistes dont *Solidaritat Obrera*[102]. Tous les syndicats ont été mis sous séquestre. Une répression en bonne et due forme vient de commencer : cent quarante ouvriers ont été emprisonnés en peu de temps.

Jeudi 8 janvier

Il a fait une journée magnifique. Je me suis adonné à mes activités quotidiennes.

Ce qui se passe au Congrès est répugnant. Le cynique

Cambó[103] affiche sa vilenie avec plus d'arrogance que jamais. Allendesalazar[104] n'a aucun esprit d'initiative. La seule solution à ses yeux — en est-il lui-même convaincu ? — reste la répression... la police, etc.

Nougués[105] a fait remarquer que, une fois la grève votée, on s'empressera de jeter en prison le comité. À présent nul n'ignore ce que valent ces messieurs de la Fédération patronale. Pourquoi ne pas les envoyer à Montjuïc ?

Prieto[106] dit que si Graupera avait été en prison, il n'aurait pas été blessé (naturellement !).

J'ai vu enfin la « fille de la nuit », convalescente, derrière les vitres, le regard mélancolique.

J'aime de plus en plus Gorki.

J'ai écrit à mon oncle[107] :

« Cher oncle,

« J'ai passé un été délicieux, comme toujours, à Cadaqués, village idéal, de rêve. Près de la mer latine, je me suis rassasié de lumière et de couleurs. J'ai traversé les journées de canicule à peindre frénétiquement, m'efforçant de traduire l'incomparable beauté de la mer, de la plage ensoleillée.

« Plus j'avance et plus je découvre que l'art est difficile. Mais plus j'avance et plus j'y prends plaisir. J'admire toujours les grands impressionnistes français, Manet, Degas, Renoir. J'espère qu'ils me guideront avec fermeté sur la voie. J'ai changé de technique, mes gammes sont beaucoup plus claires. J'ai abandonné les bleus et les rouges foncés qui contrastaient (sans harmonie) avec la clarté et la luminosité des autres couleurs.

« Je ne m'occupe plus du dessin, je passe outre[108]. Je mets tous mes efforts dans la couleur et le sentiment.

Peu m'importe qu'une maison soit plus ou moins haute[109]. C'est la couleur et la gamme qui donnent la vie et l'harmonie.

« Je pense que le dessin est une partie très secondaire de la peinture, qui s'acquiert machinalement, par l'habitude ; qui par conséquent ne demande ni études poussées ni grands efforts.

« Je m'intéresse de plus en plus au portrait[110], bien que je le traite techniquement comme un paysage ou une marine.

« J'ai bien reçu le livre et je t'en remercie. Très intéressant, très belle édition.

« J'aimerais que tu viennes, ne serait-ce qu'une journée. Nous échangerions nos impressions et tu verrais mes derniers et modestes “bonshommes”.

« Je t'envoie un texte court, “Sol de tarda[111]”.

« Bons baisers à tous, je t'embrasse très fort.

« Salvador Dalí. »

Vendredi 9 janvier

Il a fait une journée ensoleillée et claire. Toutes les montagnes de Maçanet, Recasens, etc., sont enneigées. J'ai discuté avec Ramona[112] sur la Nouvelle Promenade[113]... Puis j'ai parlé d'art avec Subias[114]. J'ai passé une journée doucement ennuyeuse.

Après le déjeuner je suis allé en promenade au château. Les soldats faisaient leur instruction. En voyant passer un militaire je n'ai ressenti que de l'aversion, de la haine, de la répugnance et ma conscience s'est révoltée devant cette organisation de criminels !

Sous le ciel étoilé, pur, j'ai souri aux charmantes artistes qui sortaient de l'académie nocturne. Au Congrès, rien de nouveau, la routine. Barcelone, toujours pareil, les ouvriers résistent avec ténacité, malgré tout ! C'est la sixième semaine de lock-out.

Samedi 10 janvier

Des soldats de l'artillerie, sous la houlette du syndicaliste Chueca[115], ont tué deux militaires. La force n'a pas tardé à écraser la rébellion sous les balles. Chueca a été tué, les autres ont pris la fuite. Cette nouvelle a eu un écho immédiat au Congrès où elle a soulevé des réactions scandalisées (pour changer). De toute façon, les autorités devront arranger ça à leur convenance. Mais peu à peu on saura tout.

Il a fait une journée chaude, sereine, estivale. Sur la pelouse, on a joué avec les amis, Joan[116]... Met a la rougeole.

Cette nuit on a écouté religieusement la *Sonate* op. 20 de Beethoven[117].

Dimanche 11 janvier

Il a fait une journée colossale, claire, calme...

Je suis allé me confesser et communier. Ma mère le voulait. Faut dire que c'est très intéressant, et que ça fait bien.

Dans le confessionnal, un prêtre gras a tiré sur moi un rideau mauve tout décoloré. « Ave Maria très pure », a-t-il dit, dans un soupir, les yeux au ciel. « Conçue sans péchés », ai-je répondu machinalement. « Quels péchés avez-vous commis ? » J'ai commencé. (...) les sujets qu'il développera dans son sermon ; sermon aux intentions louables bien que construit sur une logique catholique. J'ai fait semblant de baiser l'étole brodée d'argent, mais sale, puis je suis allé communier. Le prêtre, accompagné d'un enfant de chœur, s'est dirigé vers l'autel pour prononcer quelques prières en latin. L'enfant a donné la réplique. Il a sorti le calice et, les yeux au ciel, a descendu les degrés, tandis que les fidèles, tremblants d'émotion, baissaient la tête en signe de dévotion.

Au-dehors, le soleil m'a ébloui de sa lumière. À l'intérieur, une voix de basse continuait de résonner : « Dieu vous sauve Marie, pleine de grâce, vous êtes bénie entre toutes les femmes, et Jésus le fruit de vos entrailles est béni. » Et la foule de répondre en chœur, dans un murmure : « Sainte Marie, Mère de Dieu, priez pour nous, maintenant et à l'heure de notre mort, amen. » À midi j'ai pris congé de l'intellectuel, l'ami Subias, qui part pour Barcelone. Après le déjeuner je suis allé jouer au foot. Une partie de championnat[118]. Il y avait foule. Estela, etc. L'après-midi était exceptionnellement radieux, le ciel très bleu, le soleil clair et lumineux.

Nous avons fait match nul. Le soleil s'est couché. Un biplan français s'est posé près du mas de Fages[119]. On s'est donc mis en chemin. Les rougeoiements du couchant illuminaient les nuages de lueurs enflammées. Le ciel clair, d'un vert pâle et pur. On a marché lentement... lentement sur le large sentier... On a longé les cyprès odorants du cimetière. Les cheminées se découpaient sur le fond lumineux, magnifique. À la gare, les trains étaient immobiles sur la voie. Un train est passé en faisant résonner dans l'air pur de l'après-midi mourant son sifflement strident, puis il a disparu tel un immense ver noir. La ville semblait endormie, les lumières vacillaient comme des étoiles dans les lampadaires et aux fenêtres. La nuit est tombée peu à peu. Comme si le jour s'efforçait de durer... Sur le large sentier les gens étaient nombreux. Enfin, une fois arrivés, on n'a pu le voir que de loin. Un gardien interdisait l'accès au champ. On a poursuivi par le chemin du mas bordé d'oliviers. Puis on est rentré à Figueres. La nuit tombée, on a dîné chez Xirau. On s'est assis sur un banc de la Rambla. Les couples d'amoureux défilaient sous nos yeux, souriants... puis repassaient... sans cesse... ils se murmuraient des choses au creux de l'oreille, souriaient à nouveau, se regardaient dans les yeux. J'ai pensé qu'ils étaient très heureux et j'ai souri.

Les Russes sont toujours victorieux. Ils démontrent à la face du monde leur force et leur implacable organisation. Malgré la sanglante guerre civile et l'inique blocus allié, la république des conseils et des commissaires du peuple garde sa vigueur et sa force. Elle menace même le monde d'une invasion. La paix, signée à Versailles[120], est une caricature. En Allemagne, le capitalisme prussien, aveuglé par la revanche et militarisé, est en train de s'armer jusqu'aux dents. Reste un petit groupe d'hommes honnêtes, glorieux, les spartakistes[121], malheureusement impuissants face aux mitraillettes. Il est vraisemblable que les Russes attaquent l'Allemagne au printemps. Alors, les successeurs de Liebknecht et Rosa Luxemburg favoriseront cette invasion grâce aux désordres et aux insurrections.

Il est très probable que le militarisme allemand, dont l'Entente n'a pas pu venir à bout dans la guerre européenne, sera vaincu par les communistes russes... Il est très probable aussi que la paix viendra des pays d'Orient, lointains, mélancoliques.

Le lock-out se poursuit.

Le ciel étoilé, pur. La lune passe derrière de légers nuages. Douze heures ont sonné au clocher de l'église, calmes... sonores... Je vais me coucher.

Lundi 12 janvier

Les vacances de Noël sont déjà passées… Comme le temps passe… De bon matin, j'ai pris à nouveau la route des frères, puis du lycée. Rien n'a changé. On dirait que nous n'avons pas bougé. Le soleil brillait, resplendissant, sur un ciel calme et immensément bleu…

J'ai discuté avec les filles. J'ai eu des moments d'angoisse. M. Sans est malade et n'est pas venu. Je me suis promené avec un doux ennui sous l'ombre des voûtes. J'ai regardé les élèves, ternes, inconsistants, malheureux, comme toujours, avec un sourire de supériorité. Je ne crois pas que ce soit de l'orgueil. Il s'agit de se connaître et de connaître les autres.

Après-midi passé avec Puant et Mufle… À la sortie j'ai parlé avec deux filles artistes au doux sourire… avec l'ami nocturne, avec le frère de « la vierge des nuits ». On a parlé des dessins de Vergés[122], qui tiennent le coup. Je me suis efforcé de lui faire comprendre ce qu'est l'art, l'esprit, et bien que je n'arrive pas à le comprendre moi-même, en discutant on arrive à s'en faire une idée, à se comprendre, à devenir meilleurs (comme dit d'Ors)[123].

Le professeur de dessin est malade. Ioudenitch pense abandonner tout aventurisme. Koltchak a été pris par les révolutionnaires ukrainiens. Dénikine s'est retiré. Les illusions de M. Bourge s'évanouissent et *Le Crépuscule du bolchevisme* est une chimère. Pauvre M. Tayà !

À Barcelone les syndicalistes se montrent irréductibles. Ils font preuve d'une ténacité à toute épreuve.

Voyons la suite…

Hier on a fusillé les mutins de Saragosse[124]. Personne ne connaît le motif de leur geste, mais il semble logique de penser qu'une telle rébellion n'est pas une partie de plaisir. Il doit bien y avoir une raison grave à une telle tragédie.

Lerroux[125] a fait un discours qui a été sifflé par la gauche et applaudi par la droite ministérielle.

Mardi 13 janvier

Il a fait une journée pure, comme celle d'hier... Soler[126] nous a donné un cours de français et un cours d'histoire universelle. À midi on est allé sur le terrain jouer au foot.

J'ai rencontré l'artiste (prolétaire) Vergés. Un garçon petit, laid, au visage écarlate et aux cheveux frisés, arborant une lavallière noire sur un col blanc, une veste élimée et des pantalons froissés en accordéon. Mais, sur le plan moral, un gars génial, un illuminé, romantique, idéaliste, et un authentique bolchevik, qui se repaît des œuvres sublimes de (...). Il habite avec sa vieille grand-mère, qui est presque toujours malade, dans une maison ensoleillée et propre, près du « terrain ». Je pars pour Paris, a-t-il dit. Il faut fuir cette vie de routine, monotone au possible. Il faut fuir cette vulgarité stupide. Je travaillerai comme je pourrai, même si je dois être manœuvre. J'enverrai mon argent à ma grand-mère et je vivrai dans une ambiance artistique, qui ici nous fait tant défaut. À ces mots, ses yeux se sont mis à briller de joie. Son cœur semblait battre d'espoir. On a discuté d'art et des choses de l'esprit. J'ai pris congé de lui, et j'ai serré sa main fine et osseuse.

À Barcelone[127] la répression se poursuit. Soixante-deux délégués se sont réunis dans la clandestinité. Ils ont été arrêtés. Une grève des chemins de fer est prévue pour bientôt. Les rouges avancent victorieux, avec l'aide des opposants aux troupes tsaristes.

On n'imagine pas l'influence que peut exercer un bon auteur sur le caractère d'un homme. Ces jours-ci tout me paraît beau, voluptueux. Mais n'est-ce pas à cela que servent la volonté et l'esprit?

Les ouvriers catalans ont publié un manifeste, génial et énergique, un condensé de leur caractère et de leur héroïsme[128].

Mercredi 14 janvier

Pas de changement. La voix énergique et noble de Besteiros[129] a fait retentir dans l'atmosphère corrompue du Parlement quelques paroles de vérité, issues du fond de sa conscience. Nous présenterons une proposition de loi pour résoudre la question sociale. Mais le gouvernement continue de vouloir imposer stupidement la répression. Nous, socialistes, mettrons toute notre force au service des syndicats pour faire triompher les revendications ouvrières.

Torres[130], le remplaçant de Sans, qui est malade, m'a interrogé. J'ai répondu de façon magistrale.

Journée extraordinairement calme. La nuit, avec le compagnon nocturne, on a erré par les sentiers écartés, solitaires, pleins d'ombres et d'obscurité. Je me suis efforcé de le convaincre à propos du communisme. Le ciel était étoilé, transparent.

Koltchak a capitulé. Dénikine abandonne Odessa (en avant!).

Jeudi 15 janvier

Il a fait un temps admirable toute la journée. Pas le moindre nuage n'est venu entacher la clarté du ciel.

Un grand scandale a secoué le Congrès. Lerroux s'est obstiné à maintenir son option dépravée de répression tous azimuts avec son cynisme habituel. Sur quoi le socialiste Menéndez[131] l'a traité de traître et de misérable, et l'a accusé d'être à l'origine de la détention de soixante-deux délégués syndicaux. Un grand tumulte s'est alors élevé de l'assemblée et la confusion a régné pendant un long moment. Le calme revenu, il a poursuivi en disant qu'il tenait pour vils ceux qui sont la cause de la répression et ceux qui ont donné l'ordre de tirer sur les glorieux soldats de Saragosse… Mais les protestations l'ont empêché de poursuivre. Le président est intervenu en disant que de tels propos diffamatoires étaient inadmissibles (…) ; il a répondu, au milieu de la confusion et des cris, que ce serait un grand honneur pour lui que d'être expulsé d'un parlement aussi rétrograde. Après cette séance pour le moins houleuse, les relations entre les deux groupes semblent rompues à jamais.

Les armées rouges avancent rapidement. Les armées tsaristes ne sont plus que des bandes mal armées, inoffensives, dont la plupart des soldats passent à l'ennemi…

Les héros spartakistes ont perpétré des actes sanglants devant le parlement allemand. Il y a eu beaucoup de morts et de blessés. Aujourd'hui, on pouvait lire leur dernier slogan : « Un pas de plus, et vous êtes fusillés. » L'armée a fortifié les alentours avec des barbelés et des mitraillettes. Il ne s'agit que d'un prélude, croit-on savoir, à l'anniversaire des martyrs communistes, Liebknecht et Rosa Luxemburg, assassinés à Berlin sur ordre du gouvernement Noske[132]. Les spartakistes ne sont — hélas ! — qu'une infime minorité qui ne pourrait réaliser ses idéaux que par une dictature sanglante. C'est pourquoi, dans un meeting récent, un

« indépendant » a déclaré que quand le gouvernement possédait une mitraillette, eux devraient en posséder deux. Alors seulement, a-t-il ajouté, l'heure de la révolte sonnera.

Mais quand le printemps s'annoncera et que les armées rouges attaqueront la Prusse, il est très probable que cette minorité (le seul parti honnête d'Allemagne) en finira une fois pour toutes avec le militarisme répugnant du peuple allemand, que Clemenceau[133] et consorts n'ont pas été capables d'éliminer lors de la dernière guerre. Si ce n'était pas le cas, une guerre plus terrible éclaterait. Et alors, on pourrait à nouveau constater combien la démocratie est inefficace et inadaptée dans un pays de militariste ; cette démocratie du nombre, à propos de laquelle on ne peut parler de compétence ou d'esprit. Avant que n'advienne la démocratie militariste, c'est la tyrannie et la dictature prolétariennes qui conviennent.

Sur le chemin du lycée, j'ai aperçu une foule de gens sur la Rambla, en petits groupes, qui regardaient en l'air. Ils étaient tous bouche bée. D'autres gens sont venus s'attrouper. C'étaient tous des paysans venus de l'extérieur, et ils regardaient tous en l'air instinctivement. J'ai levé la tête à mon tour. Se détachant sur le ciel bleu, perché sur la plus haute branche d'un platane, un coq. Un garçon, blond et rougeaud, a lancé une balle dans sa direction sans parvenir à l'atteindre ni à l'effrayer le moins du monde. Le projectile est retombé : les badauds se sont dispersés, les jeunes filles se sont mises à glousser (...). Puis un paysan endimanché, jeune, corpulent, aux yeux bleus, est entré en scène . Sa belle tenue n'était pas appropriée : ce paysan moderne portait des chaussures fines, une casquette à carreaux jaunes et verts, une veste cintrée, qui ne laissait que peu d'ampleur à ses mouvements, une montre de « six et treize[134] », à gousset, avec un médaillon arborant le portrait de sa fiancée. Il a grimpé avec agilité jusqu'à la dernière branche. Il l'a brisée et le coq est tombé en voletant au-dessus de la foule extasiée.

J'ai passé l'après-midi à jouer au foot. J'ai quitté les frères pour aller au cours de dessin. On a changé de modèle et on a discuté avec le maître « académique ».

Avec l'ami nocturne, on a parlé du communisme d'esprit, de conscience. Il m'a écouté sans trop comprendre. Mais il fait des efforts pour penser, me semble-t-il, ce qui est déjà beaucoup.

Vendredi 16 janvier

Rien de nouveau. Il a fait une journée splendide comme hier. M. Vergés m'a interrogé. Cela s'est très bien passé. Le soir, avec Antònio[135], on a divagué sur la pédagogie et le communisme. Puis je suis allé dessiner, silencieusement. À l'Académie on était peu nombreux, le calme régnait.

Samedi 17 janvier

Un temps plus beau que celui d'hier.

Pérez, le petit vieux, m'a interrogé sur la féodalité. L'après-midi mes appétits et ma volonté se sont opposés. Les premiers ont eu le dessus, me laissant triste et abattu. J'ai pris une ferme résolution[136].

Rien de nouveau quant au lock-out. Rien.

Le soir, je me suis endormi en lisant des chroniques sur l'art.

Il a fait une journée splendide, comme d'habitude. Koltchak a été fait prisonnier par les bolcheviks. À

Barcelone, toujours pareil. Demain, s'il fait beau, nous irons passer la journée à la mer, à Llançà.

Dimanche 18 janvier

On m'a réveillé très tôt. Le ciel calme, l'air frais et pur; le tiède soleil matinal dorait timidement les toitures mouillées. Une fumée blanche sortait des cheminées. Les vitres ruisselaient de rosée et la joie d'une journée claire et calme emplissait tout de douceur.

J'ai déjeuné. Après de longs préparatifs, on s'est dirigé vers la gare. Les amis, Costa, Quimasso[137], Quim Cusí[138], nous attendaient... Sur le quai, une équipe de chasseurs s'amusaient au son d'une trompette, en prélude à une journée de plein air. Plus loin un attroupement s'est formé autour de deux hommes qui discutaient. On s'est approché. Le directeur de la centrale électrique de Llançà venait d'apprendre qu'un acte de sabotage avait été perpétré cette nuit contre son établissement. Inquiet, il racontait cela à la cantonade. « C'est mon concurrent, de la jalousie, de la jalousie », murmurait-il entre ses dents. Puis, comme s'il allait annoncer une nouvelle extraordinaire, il a ajouté : « Le meilleur c'est qu'on ne sait pas si c'est un pétard ou une bombe ! » Le soleil commençait à percer derrière de légers nuages blancs que la brise matinale n'a pas tardé à dissiper.

On s'est installé dans un wagon de troisième classe. Les chasseurs ont fait retentir des cris de joie et des rires dans le wagon voisin. Ils nous ont invités à casser la croûte, on a accepté quelques olives. Les champs et les arbres défilaient à une vitesse vertigineuse. Costa s'est mis à disserter sur la paresse. Il trouvait que le blason de Cadaqués[139] devrait représenter un ours rampant sur les quatre pals. Le soleil matinal entrait par les vitres pleines de poussière et des lampes illuminaient d'une clarté rouge une réclame jaunie, usée : « Ne pas cracher. » On est descendu à la gare de Llançà. Un épais brouillard de fumée glissait sur les toits couverts de mousse. La rosée mouillait les champs et des gouttes cristallines se faufilaient entre les feuilles vertes et blanches des amandiers qui dressaient leurs branches chargées de fleurs vers le bleu limpide du ciel. Nous avons marché à travers champs, accompagnés seulement par le gazouillis de l'eau qui arrosait la terre rouge. Arrivés à Llançà, on s'est rendu chez Aleche[140], l'ami chargé de tout préparer. Mon père a trouvé qu'il n'y avait pas assez d'oursins. On s'est mis en route. Les senteurs marines emplissaient nos poumons. La mer était bleue et calme. On a acheté d'autres oursins et on a choisi un lieu pour déjeuner. J'avais une vue épatante. La mer pénétrait dans les criques lumineuses où la chaleur se réverbérait. On est resté un long moment allongés sur l'herbe de cette colline ensoleillée. Costa a lu des poèmes de Verlaine. Tout était imprégné de poésie et d'émotion. On a marché sur la plage et les rochers. Fatigués, on est revenu sur la colline. Une grande nappe était tendue, retenue par quatre cailloux. Les verres y brillaient de mille feux (...). On a déjeuné avec appétit et on a dégusté quantité d'oursins. Mon père a fait l'éloge de ce coquillage d'une voix haute et forte, et Costa, sans cesser de manger, s'est exclamé : « Regardez-le, on dirait un prêtre, un bouddha qui officie. »

Giralt (l'architecte)[141], qui était arrivé un peu avant nous, nous a passé les journaux. Allongé face à la lumière de la crique, il a ouvert lentement *La Publicitat*. Deschanel[142] vient d'être élu président de la République française. Les patrons ont publié un manifeste stupide pour faire connaître les conditions qui mettraient fin au lock-out. Encore davantage d'arrestations de délégués. Encore davantage d'injustices sociales. Commentaires sur la démission de Xènius[143]. L'incarcération de Koltchak par les rouges, qui poursuivent leur avancée victorieuse, est confirmée. Les Alliés ont demandé l'extradition du Kaiser[144] et d'autres porcs, etc., etc.

Sur le chemin de la gare, le soleil a décliné lentement. On a attendu un long moment. Des filles endimanchées se promenaient sur le quai, suivies de petits gommeux aux casquettes criardes et aux chaussures pointues, qui se mouvaient avec difficulté dans leurs costumes de première communion. Des employés facturaient les paquets et on entendait le bruit des chariots qui roulaient.

Enfin le train est arrivé. Il a démarré lentement. J'ai esquissé un sourire à une fille qui me regardait fixement. Les lueurs pourpres du couchant éclairaient tout de leur éclat. Les étoiles vacillaient déjà dans la pureté du firmament. Les caténaires ont défilé à une grande vitesse, se croisant et se décroisant sans cesse. On a traversé le tunnel. Un fracas infernal nous empêchait d'entendre ce que Costa racontait. Il gesticulait, ouvrant et fermant la bouche, comme pour mordre. La lumière verdâtre donnait aux visages un aspect des plus étranges. Les murs du tunnel, noircis par la fumée, se sont éclairés peu à peu, faiblement. Et lorsque les champs environnants ont réapparu, ils m'ont semblé plus beaux que jamais. Il faisait presque nuit quand on est arrivé à Figueres. Sur la Rambla, j'ai rencontré Xirau. On a discuté.

Lundi 19 janvier

Il a encore fait un temps merveilleux. La journée s'est écoulée dans la monotonie. Rien de nouveau. Le soir, avec l'ami Reig, on a discuté de l'impressionnisme.

Mardi 20 janvier

Les Anglais redoutent le péril rouge en Inde et en Perse[145]. Cela soulève partout une grande inquiétude. Les rouges poursuivent leur avancée.

À midi on a parlé avec l'ami Subias sous le bleu calme du ciel.

Lorsque les réverbères se sont allumés, les vitrines se sont éclairées, les étoiles se sont mises à vaciller timidement par-dessus les toits et les cheminées. J'ai pris congé de mon bon ami Xirau qui part pour la grande cité catalane et l'Université.

Mercredi 21 janvier

On était en train de réviser avec paresse les cours de préceptive lorsque Quel[146] est entré. Il est venu nous annoncer la mort de M. Sans[147]. Sans, l'énigmatique, le rachitique professeur d'algèbre. La nouvelle nous a bouleversés. J'ai ressenti une amère émotion au plus profond de moi. Pauvre homme !... si bon. Si patient avec nous. On s'est mis spontanément à évoquer ses qualités. Sans nul doute, il était foncièrement bon. Un homme qui accomplissait « mathématiquement » son devoir. Mais qui, de toute façon, ne semblait pas jouir de la vie. Son cerveau, habitué aux équations, paraissait inapte au rêve, à la moindre poésie, à l'esprit. C'est pourquoi il ne pouvait jouir de la vie qui n'est qu'esprit et poésie... Avec cette pensée en tête, on est sorti du cours pour aller chercher de l'argent à la maison. On a décidé d'acheter une couronne. Puis j'ai rejoint les lycéens qui s'agglutinaient à la sortie de l'établissement. Le portail est demeuré fermé et le drapeau en berne ondoyait au vent. Il n'y a pas eu cours. Des lycéens ont lancé des plaisanteries du plus mauvais goût. On a acheté la couronne. Puis j'ai discuté avec Met de tout ce qui agite le monde : les événements de Russie... On ne s'était pas vu depuis longtemps. On a bavardé un long moment jusqu'à l'heure du déjeuner. Puis, dans un quasi silence, chemin faisant, on s'est retrouvé tout en haut du château, face à l'Empourdan ensoleillé. À table, à l'évocation du triste sort du professeur de mathématique, et malgré la douleur qui m'étreignait, j'ai été pris d'un fou rire. Je ne sais pas pourquoi. Peut-être à cause de l'émotion. Après le déjeuner a eu lieu l'enterrement. Une foule de lycéens et de gens attendaient sans rien dire. Le fourgon est arrivé. Les professeurs sont montés à l'étage. Après quelques instants, le cercueil noir a été descendu et posé sur le fourgon. Sous un ciel tapissé de nuages gris, l'air humide faisait voleter les voiles et les rubans des couronnes que des employés ont cloués au marteau. Les gens se tenaient aux balcons et sur les seuils. Ils ont regardé passer le convoi mortuaire. Les passants se sont découverts en signe de respect. J'étais ému et nerveux à la fois, j'attendais avec impatience. Les prêtres sont arrivés talonnés par les enfants de chœur. Je me suis emparé d'un des voiles qui dépassaient du cercueil. Deux religieuses sont sorties du lycée, les yeux gonflés de sommeil, suivies d'un parent du mort et de tous les professeurs. La triste rengaine des absoutes a résonné de manière comique. Les prêtres obèses et rougeauds ouvraient démesurément leur bouche tandis que les enfants de chœur allumaient l'encens avec indifférence. Le convoi s'est ébranlé jusqu'au cimetière où nous l'avons laissé. Une foule d'idées m'ont traversé l'esprit. Je suis revenu, méditatif, en compagnie de Reig. Les lycéens faisaient du raffut derrière nous. Ils sont entrés dans une taverne et sont sortis prestement sans payer, emportant des verres, en criant et en riant. Ils avaient déjà oublié le drame. Ils ont détalé en faisant résonner leurs chants joyeux dans les rues calmes et monotones... comme une ironie... J'ai senti soudain ma tête tourner et j'ai eu des frissons. J'ai vagabondé sur la Rambla, dans les rues, indifférent. J'ai rejoint un groupe qui allait jouer au billard à l'Europe[148]. Autour de moi, les étudiants plaisantaient. Écœuré, à moitié groggy, j'ai regagné la Rambla et je suis resté un long moment en extase devant d'immenses camions stationnés. J'ai senti le froid me pénétrer, et une toux désagréable m'a secoué les épaules. Des copains sont entrés dans un café pour jouer au *tuti.* Je suis allé en cours. La fièvre me brûlait les lèvres. Penché sur mon bureau, j'ai regardé fixement les murs dont la peinture écaillée et les fissures composaient des figures allégoriques et des personnages. Sous le bureau, une ballerine; plus haut, un soldat romain[149], seul; ses frères d'armes ne sont pas au rendez-vous. Pendant ce temps, la tête entre les mains, le frère lit à haute voix un livre poussiéreux, recouvert avec le papier d'une revue française. L'heure m'a semblé interminable. Mes pensées se sont soudain concentrées sur une lettre que j'ai reçue à midi et que j'ai là[150]. Elle ne pouvait être que de Roget[151]. Alors j'ai repensé au jour de notre rencontre à Santa Llúcia, à nos discussions à propos de l'oncle millionnaire, etc...

Enfin le cours s'est achevé. Une fois dehors, j'ai eu l'impression de me sentir mieux. Ce n'est rien, me suis-je dit… À hauteur de la rue des Tints[152], j'ai rejoint les filles qui sortaient du Plâtre[153]. On peut faire le voyage quand tu veux. Minimum six millions. C'est vrai ? ont-elles dit, entre l'admiration et la surprise, tandis que les autres riaient bruyamment. Et vous ne m'invitez pas ? a demandé Estela avec à-propos. Naturellement ! Si on ne l'a pas dit avant, c'était pour vous faire la surprise. Oh, merci. Vous ne m'invitez pas ? Et moi ? Et moi ? Et moi ? ont demandé les filles à tour de rôle, l'air offusqué. Vous êtes toutes invitées. Mais il faut se préparer au plus tôt, nous partons la semaine prochaine. Très bien, merci beaucoup. Merci, merci, ont-elles répété, enthousiastes. Tu parles sérieusement ? s'est enquise Mlle Roget. Bien sûr, ma belle, n'en doute pas, tiens, lis. Et, au milieu de ses amies qui formaient un cercle, elle a lu à haute voix l'histoire de l'âne, etc., etc[154].

Estela a refusé de nous accompagner, elle craignait la fièvre aphteuse. Nous avons essayé de la convaincre, mais en vain. J'ai parlé longuement avec elle avant de partir. Arrivé au Plâtre, j'avais presque oublié mon indisposition. Et quand j'ai rencontré Reig, ce n'était plus qu'un mauvais souvenir. Nous avons rédigé une lettre à Estela afin de la convaincre de venir avec nous. Il faut faire durer la plaisanterie. Pour rire. Cette idée en tête, on a quitté l'Académie. En montant l'escalier j'ai été pris d'un malaise. J'ai foncé me coucher sans dîner. J'ai la fièvre.

Jeudi 22 janvier

Je me sens mieux. Je tousse un peu mais j'ai gardé le lit par précaution. Le soleil pénétrait à travers les rideaux de tulle et inondait mon lit… À l'heure du déjeuner, mon père a apporté les journaux. L'Angleterre craint ce qui peut arriver en Perse et en Inde. Les troupes rouges ont atteint leurs frontières. En outre, les agitateurs s'organisent et vont porter la bonne parole du bolchevisme dans les campagnes et les usines. Chaque jour les révoltes et les soulèvements se multiplient. L'Angleterre voit le danger et cherche à l'éviter. Par quels moyens ? L'intervention directe a donné des résultats catastrophiques. Après avoir dépensé des sommes folles, on n'a obtenu que les échecs cuisants de Koltchak et de Dénikine. Lloyd George a exprimé clairement son opinion : un rapprochement amical avec les soviets. Et malgré les dernières déclarations de Clemenceau, je viens de lire à l'instant la nouvelle fracassante selon laquelle les Alliés viennent de lever le blocus[155] ! La force des rouges est aujourd'hui une réalité que plus personne n'occulte. Malgré tout, les Alliés devront transiger s'ils ne veulent pas être engloutis par cette force. Il est même déjà trop tard.

Le lock-out, toujours pareil.

J'ai commencé un roman de Blasco Ibáñez, et ainsi la journée s'est achevée.

Vendredi 23 janvier

Je me suis levé tard. Journée splendide. Allongé sur l'herbe, j'ai poursuivi la lecture de mon roman. Giralt et l'équipe municipale ont commencé les travaux du futur parc[156]... Cet après-midi Reig m'a rendu visite. On a terminé la lettre à Estela, pour l'inviter à notre excursion. On lui a fait croire qu'on lui écrivait de Porqueres[157]. On a dessiné. J'ai fait mon autoportrait au pastel[158]. Plus tard Subias est venu me voir lui aussi. On a discuté devant la cheminée. Miret est passé à la maison un peu avant que je sorte.

Samedi 24 janvier

Comme hier je suis sorti le matin. L'après-midi j'ai travaillé à mon autoportrait. J'ai parlé avec des signes de derrière les vitres avec Mlles Roget et Carré[159]. Le soir j'ai lu. Sala[160] est arrivé. Il a reçu une lettre ; et Reig une autre. Il ira attendre les filles à la sortie du cours de dessin pour leur demander si elles vont à Sant Pau[161]. Le lock-out, toujours pareil. Les rouges avancent.

Dimanche 25 janvier

Je me sens tout à fait bien. Il fait une journée chaude et calme. Le lock-out en est toujours au même point. La bourgeoisie catalane ne sait pas ou ne veut pas comprendre que si elle parvenait à ses fins, qui est d'en finir avec les syndicats — momentanément du moins —, ce serait une période de terreur qui s'instaurerait dans le pays. Les organisations secrètes sortiraient de terre, des ténèbres, et une vague d'assassinats s'étendrait sur l'Espagne comme une épidémie. Puis elles ne tarderaient pas à cueillir le fruit de leurs mauvaises œuvres[162] !

Ma mère et ma tante discutent tout en faisant les lits et du rangement. La *Sonate à Kreutzer* de Beethoven est un volcan. Quelle émotion ! Quels sentiments purs et délicats ! Jetons tout ce linge sale à la panière ; puis descendons à la cuisine astiquer…

Après le déjeuner, avec mon ami Sala, nous avons été à Sant Pau. C'était la fête. On y vendait des *flaones*[163]. C'est là que nous devions rencontrer *nos futures compagnes de voyage*. Peu à peu, à pas lents, en discutant, nous sommes arrivés à Sant Pau, peu de temps après notre départ de la maison. C'est un lieu très pittoresque. Un ermitage recouvert de lierre et entouré de cyprès généreux et veloutés. Sur un joli coteau, une rumeur s'élève des pins, d'où l'on entend le chant des oiseaux. Un amandier laisse ployer ses branches chargées de fleurs blanches et roses. Les gens se promènent doucement et sourient. Un aveugle joue d'un violon désaccordé aux portes de l'église. Nous entrons. Entre les ombres on découvre des boiseries anciennes aux peintures naïves. Nous sortons. Nous nous promenons. Impossible de les voir. Elles ne viendront peut-être pas. Ou alors elles viendront en famille, qui sait. Nous sortons, entrons à nouveau. Le soleil entame son déclin... Tout à coup nous les apercevons. Elles aussi. Nous nous hâtons de les saluer. Elles rient. Elles avouent être angoissées à l'idée de partir en voyage, et veulent connaître tous les détails. J'obtempère et prends plaisir à dire des bêtises. Elles manifestent un grand intérêt à tout, et sont heureuses à l'idée de nous revoir. Nous entrons à nouveau dans la chapelle. Nous remercions saint Paul pour les six millions. Nous prions aussi pour l'oncle Sisebuto, que son âme repose en paix !

Nous sortons. Elles laissent leurs familles. Ensemble nous empruntons lentement le chemin du retour par la voie ferrée. Carme est une duchesse au visage fumé et moi je suis le duc des cierges brisés. Nous jouons à marcher sur un rail le plus longtemps possible sans tomber. Un à zéro. Deux à zéro. Ah, non ! ça ne compte pas, c'est de la triche. Deux à trois, etc., etc. Le soir tombe. Nous décidons de marcher sur la route. Nous discutons de l'Italie, de littérature, de poésie... Du temps où les rois les fournissaient en filles... Une voiture est passée à toute allure et a écrasé un chien. Quelle frayeur ! Je me suis retrouvé dans le fossé, crotté comme un barbet. Un petit enfant pleurait. Nous l'avons consolé. Tes parents t'achèteront un autre chien. Encore une occasion de rire et de plaisanter. Nous sommes allés sur la Rambla. Carme souriait doucement, elle a proposé d'aller à la campagne dimanche après-midi… en promenade… Pourquoi pas ? Nous prendrions des photos, nous irions à Vilabertran[164], au bord du lac aux eaux enchantées…

Sala m'a raccompagné jusqu'à la maison. Nous parlons de l'après-midi : elle s'est écoulée doucement. Il regrette de ne pas les avoir invitées à manger des *flaones*! Les ombres violettes du couchant enveloppent tout de mystère. Derrière la nue les étoiles aux pâles clartés vacillent.

J'ai goûté à la maison, tout en m'hypnotisant dans le reflet d'un verre. J'ai écrit jusqu'au dîner[165].

Lundi 26 janvier

Il a fait encore une journée splendide. Elle s'est écoulée dans la monotonie. Soler a fait son cours de préceptive. Puis les équations avec M. Torres, etc., etc. Le soir, l'Académie, la maison. Cette tranquillité, cette vitalité, ce soleil, ce ciel bleu, tellement de chez nous, comme ils sont beaux!

Mardi 27 janvier

Hier, les patrons, sous la menace, les intimidations et les ordres du gouverneur, ont levé le lock-out[166]… Voilà des gens on ne peut plus vils; et je dis « vils » parce que je considère ainsi tous ceux qui agissent contre leur volonté et leur conscience, intimidés par les ordres du gouvernement, même s'ils les considèrent indignes.

Les patrons, avec leur lock-out, prétendent agir de manière sainte. Alors, pourquoi y mettent-ils fin ? Qu'importe l'autorité face à l'homme digne, conscient de son devoir? Si le lock-out est juste, il faut le maintenir, coûte que coûte; sinon, pourquoi l'engager si l'on sait pertinemment que le jour où le gouvernement le décidera, il faudra y renoncer? En échange, c'est bien pour des raisons de dignité et de conscience que nos ouvriers ont été pourchassés et maltraités! C'est bien pour des raisons de dignité que la classe prolétarienne a versé son sang pendant des siècles. Mais la dignité et l'intégrité n'existent pas dans la misérable classe patronale. En signant aveuglément son arrêt de mort, elle est d'un ridicule sans nom. Les ouvriers ont résisté à huit semaines de grève forcée. On a pourchassé les leaders, on les a jetés en prison, on a mis les syndicats sous scellés, on a interdit les réunions et les manifestations, tandis que la Garde civile s'efforçait de protéger les réunions et les manifestations patronales. L'ouvrier, en donnant la preuve qu'il possédait une culture, une dignité et une force morale plus grandes que quiconque, vient de remporter une bataille dans la guerre naissante.

Pratiquement aucun ouvrier ne s'est rendu sur son lieu de travail. Ils exigent, semble-t-il, le salaire des huit semaines de lutte; M. Bourge voulait en finir au plus vite avec ces tracasseries pour pouvoir se consacrer au vol et à l'accaparement des richesses, mais il a vu passer ces huit semaines jour après jour, avec désillusion, sans qu'un seul ouvrier soit venu s'humilier à ses pieds. Voilà comment le fameux rêve d'or de la bourgeoisie s'est transformé en grève! À quoi donc s'attendaient-ils?

Il a fait un soleil éblouissant, comme d'habitude. Cette nuit j'ai parlé avec Mlle Roget sous les lueurs d'eau-forte de la rue des Tints.

Mercredi 28 janvier

En cours Soler m'a interrogé. La situation à Barcelone n'a pas bougé. Après le déjeuner, promenade avec les frères. Après-midi transparent, calme. À l'académie nocturne on a fait les pitres comme c'est pas permis.

Jeudi 29 janvier

Journée grise, pluvieuse. Une atmosphère monotone pèse sur tout. Le soir, cours de dessin. Après le dîner, je me suis habillé pour me rendre au concert. Les interprètes sont Lluís Pichot[167] et Bonaterra[168]. Le ciel s'est éclairci, les étoiles scintillaient dans le ciel. La salle était animée[169]. Les gens fumaient et discutaient dans un grand brouhaha. Mélancolique, énigmatique, la fille de la *nuit* était là. Après un long moment les jeunes musiciens ont fait leur apparition. Les notes douces et claires de Schumann ont résonné, sonores. Je ne comprends pas la musique des grands maîtres, je l'aime. J'aime m'assoupir ivre d'art, au son de paroles qui sont si belles que nous ne pouvons les comprendre. Elles consolent notre âme et ravissent notre esprit en l'élevant au-dessus de la vulgarité et de la vie trépidante. Cette rêveuse incertitude réjouit mon cœur de manière bizarre, au point que je ne désire rien d'autre. Je n'essayerai plus de comprendre les paroles douces, belles, incompréhensibles, qui disent la vérité avec poésie. Les mains frénétiques, osseuses, des jeunes interprètes arrachaient à leurs instruments des voix enchantées. Et ce que les maîtres ont créé parvenait à ressusciter. Leurs yeux se voilaient d'un regard vague. Ensuite ils ont interprété des compositions romantiques de Bonaterra. Enfin, César Franck.

J'ai passé une nuit « fabuleuse ». J'ai vu en songe beaucoup de choses et mon imagination s'est envolée très loin. Je me suis senti heureux et j'ai trouvé tout beau et magnifique. Je suis rentré. Les plaintes du violon et les notes claires du piano résonnent encore dans ma tête. Je suis toujours sous l'emprise de la musique. Il est une heure. Les coqs chantent. Sur la table de nuit j'ai retrouvé mon manuel d'algèbre ouvert, et les feuillets noircis d'équations qui jonchent mon bureau. Je ressens une pointe d'amertume naître en moi. Je vois s'éloigner comme dans un rêve les figures douces et vaporeuses qui se déforment et tardent à s'estomper. La réalité a émergé ; demain est déjà là avec ses problèmes ! Par la fenêtre ouverte, la lune emplit ma chambre de pâles clartés. Les étoiles brillent. La ville dort. Les notes de Schumann reviennent à ma mémoire. Je regarde avec dédain les pages en désordre, pleines d'équations, qui couvrent mon bureau... Je souris, je m'endors au rythme d'une musique confuse et lointaine.

Vendredi 30 janvier

Hier j'ai eu quelque mal à revenir à la réalité. Aujourd'hui j'ai dû y revenir malgré moi. On m'a réveillé tôt. J'avais très sommcil. Je me suis levé. Je suis allé au lycée. Le temps était calme et clair. Nous avons projeté d'aller à Vilabertran dimanche, en compagnie des deux gentilles comtesses. Lorsque les filles sont sorties du cours de dessin, nous avons repris la plaisanterie, comme chaque jour.

À Barcelone, toujours pareil. Il semblerait que les ouvriers soient plus nombreux sur leurs lieux de travail.

Il faut avoir foi en leurs idéaux et espérer avec force la victoire de la justice !

Samedi 31 janvier

Il a fait une journée grise. J'ai rédigé une lettre « sentimentale » à Mlle Roget pour lui expliquer que des voleurs m'avaient délesté des six millions, et que j'étais au désespoir. De son côté, Sala lui a adressé une lettre pour lui annoncer qu'un autre de ses oncles venait de mourir.

Pour fuir les tentations, je me console en me disant que celui qui reconnaît son péché a fait un grand pas. Mais n'est-ce pas là aussi une tentation ?

Au lycée, j'ai fait le pitre comme pas deux. Comme lundi était jour férié, nous sommes sortis une heure avant. J'ai déambulé dans les rues pleines d'ombres jusqu'à l'heure du cours de dessin. La lune courait derrière la brume. Après le dîner, je me suis mis à étudier l'histoire des arts plastiques. Mes yeux ont parcouru les pages, avides de trouver des idées. Dehors un cortège est passé. C'est le bal des célibataires[170]. Les gens criaient et riaient. Une clameur d'allégresse montait de la rue. La musique se faisait entendre sous la forme d'une marche gaie. Le tambour rythmait le pas. J'ai entrouvert mes yeux lourds de fatigue. Du livre ouvert, mes pensées volaient vers la fête à laquelle participeront les jeunes ce soir, et les filles qui riront, jusqu'à l'exténuation ; et lorsque le chant du coq annoncera l'aube, elles quitteront le bal, les yeux gonflés de sommeil, les cheveux pleins de confettis et de serpentins, le maquillage délavé par la transpiration, les masques de carton imbibés de la tiédeur de l'haleine. Ils rentreront, las, harassés ; la pensée pleine de mots d'amour confus, de regards de braise… voix de masques, tumulte de musiques… ils s'endormiront enfin, exténués.

Quant à moi, non loin de l'agitation, je bûcherai sans relâche mon livre ouvert. À cette pensée, je m'y suis replongé. J'ai parcouru les pages à la recherche de quelque idée originale, qui puisse éveiller en moi quelque sentiment nouveau.

À Barcelone, pas de changement. Quatre mille mutins polonais ont fusillé leurs officiers et rejoint l'armée Rouge[171].

Février

Dimanche 1er février

Il a fait une journée splendide. Le matin, messe avec les frères. Après le déjeuner Sala et moi sommes allés jouer au foot. On était impatient, énervé. Les deux comtesses de la plaisanterie devaient faire leur apparition d'un moment à l'autre. Du moins l'avaient-elles promis. Quand le soleil a commencé à se cacher, elles n'étaient pas là. L'incertitude et l'attente sont deux grandes calamités de la vie, a affirmé Sala, convaincu. Elles arrivent… Non, non… Je pense qu'elles sont dans ce groupe... Non. Le soleil s'est couché. Nous sommes allés au cinéma Garida en famille. Une foule, composée de soldats et de gens venus de l'extérieur, applaudissait frénétiquement et accompagnait de la voix une danseuse très moyenne. Elle se complaisait à faire de l'œil et toutes sortes de grimaces à un groupe d'étudiants qui, affalés sur le balcon, ne cessaient d'applaudir et d'en redemander. Après quelques projections nous sommes sortis. Il faisait une légère tramontane et le ciel était étoilé. Je suis tombé sur Sala qui m'attendait. Instinctivement nous avons pris la direction de la rue Ample[172]. Une foule sortait du Casino, inondant la rue. Nous avons rencontré Mlle Carré avec un groupe de filles. Elle nous a hélés. On a plaisanté longtemps. Nous avons dit beaucoup de bêtises. Mlle Roget devait partir à Porqueres, mais elle sera de retour demain. Au sortir de la messe de neuf heures, nous les retrouverons et nous nous mettrons d'accord pour l'après-midi. Puis nous sommes partis. Avec Sala on a fait un tour, heureux d'apporter quelques commentaires à cette conversation et à notre plaisanterie de demain. On a discuté avec Subias jusqu'à l'heure du dîner[173].

Avril

Dimanche 11 avril[174]

Avec Reig, et en famille, nous sommes allés rendre visite à une famille amie. C'est la maison du médecin[175]. On y est accueilli très chaleureusement. La salle à manger est grande. J'entre. Le balcon est ouvert. On aperçoit la place qui se trouve au-dessous, pleine d'agitation. La joie qui s'en dégage monte comme une vibration jusqu'à nous. On entend les musiciens de la *cobla* accorder leurs instruments. Assis sur l'estrade, dans la tiédeur de l'après-midi, ils font vibrer quelques accords, prélude à quelque cadence. Tout à coup, la mélodie d'une sardane émeut toute la place, où de grandes rondes mobiles s'élargissent, s'agrandissent...

Nous descendons, mais nous ne *les* voyons pas, et cela nous rend tristes. Nous traversons la vieille ville. Les sardanes résonnent au loin et un calme infini plane le long des toits.

Nous tombons sur Sala et nous nous promenons sur la place. Elles sont peut-être au parc et, tout en discutant de cette possibilité, nous nous dirigeons dans cette direction, à pas lents.

Nous entrons par l'ancienne porte. Nous nous retrouvons très vite dans les grands jardins qui furent autrefois la propriété de grands et puissants comtes[176]. Les murs de pierre du palais prennent une couleur dorée sous la tiédeur du soleil. On respire un air plein de traditions et de noblesse. Une grande quiétude règne, et le ciel est très pur. Jardins et bois étendent leur tapis de végétation. Nous pénétrons dans le sous-bois. On entend l'eau chanter, elle court comme l'argent entre la mousse et les lis. Le sol est brodé de fleurs; le bois devient toujours plus épais. Le rossignol chante, les rosiers sont en fleur. Mais elles ne sont pas là, et nous marchons sans dire un mot. De cette profondeur exubérante, je suis l'esprit. En communion avec ce qui nous entoure, il nous plaît de penser qu'il serait poétique de les trouver là, assises sur un coussin de fleurs. Nous nous approcherions et nous mettrions à penser à l'unisson. Nous tous, et la nature, ne ferions plus qu'une seule âme.

Nous les apercevons enfin, mais nous devons nous cacher aussitôt à cause de leurs familles. Nous les suivons, à distance, entre les fleurs et les pierres. Elles se retournent, nous sourient. Elles s'échappent tout à coup pour nous rejoindre près d'un lac aux eaux enchantées. Mais voilà, la présence des familles ne nous laisse pas en paix, et cela nous contrarie. Nous sommes au-dessus d'un puits et nos têtes se reflètent dans l'eau. Dans ce miroir je regarde le visage de Carme qui me regarde à son tour; nous nous sourions. Nous jetons du pain aux poissons rouges; un grand bonheur plane sur tout : des sardanes résonnent au loin. Nous passons des moments heureux, malgré la présence des familles. L'après-midi s'écoule ainsi. Nous sortons des jardins anciens. Nous traversons les rues. Carme a très soif, nous entrons dans un bistrot à la propreté douteuse.

Après qu'elle a bu, nous les accompagnons. Elles rejoignent leurs familles et rentrent à pied. L'après-midi agonise. Au loin, de grands nuages bleus et rouges se reflètent dans la rivière. Nous partons. Elles s'éloignent, se retournent, nous aussi. J'ai levé mon large chapeau pour les saluer. Elles ont agité leurs mouchoirs, en signe d'adieu, et se sont perdues au loin.

Nous sommes revenus à Peralada, nous avons grimpé les escaliers de la maison de nos amis. On peut entrer? Allez-y, ont répondu en chœur plusieurs voix. Nous avons poussé la porte, ils étaient nombreux assis autour de la grande table sur laquelle étaient posés une profusion de fruits et de douceurs. Il était temps. Veuillez nous excuser, nous ne savions pas qu'il était l'heure de goûter. Asseyez-vous, allez, nous vous avons gardé de quoi goûter. Ne vous dérangez pas, nous pouvons manger debout, sur place. Non, non, asseyez-vous, je vous prie, etc. Et après mille prières et mille façons, nous nous sommes (...).

Lundi 12, mardi 13, mercredi 14, jeudi 15, vendredi 16 avril

Ces jours se sont écoulés comme les autres; j'ai pris du retard dans la rédaction de mes « impressions », et je dois m'en tenir à cette excuse : la paresse, c'est tout...

La chose culminante, et peut-être la plus importante de ma vie, le signal du chemin à prendre, c'est la résolution suivante (approuvée par la famille) : finir vite mon bachot, quitte à faire les deux ans qui me restent en une seule année; puis partir à l'Académie des beaux-arts de Madrid. Là-bas, j'ai l'intention de travailler d'arrache-pied pendant trois ans. L'Académie a aussi sa beauté à elle. En outre, m'assujettir et me sacrifier pour la vérité ne sera jamais vain. Ensuite je gagnerai mon séjour de quatre ans à Rome. À mon retour, je serai un génie, le monde m'admirera. Je serai peut-être méprisé, incompris, mais je serai un génie, un grand génie, parce que j'en suis certain[177].

Les jours où on a cours d'histoire, on va d'abord en promenade avec les « petites amies ». Elles se font enguirlander par leurs parents, mais cela nous permet de rêver.

Les après-midi, j'étudie[178] derrière les vitres. Il fait un temps clair. Lorsque le soleil se couche, je monte sur le toit voir le jour mourir. En cours de dessin, je dessine, je ris. À la sortie nous chantons dans les rues.

En Allemagne tout est imbroglio et confusion. En Russie c'est à un véritable renouveau industriel que l'on assiste. En Irlande les gens s'entre-tuent et le sang coule[179]. Sinon rien. Ah si, il y a autre chose. Les baraques de la foire de la Sainte-Croix ont commencé à peupler la place de la ville[180]. L'autre jour, un chien, triste et famélique, est arrivé à la suite d'un homme, triste et famélique, qui marchait à la suite d'une femme, triste et famélique, accompagnée d'un âne, triste et famélique, qui tirait une charrette. Chaque année, ils sont là. Ils arrivent toujours à la même époque. Je me souviens d'eux depuis ma plus tendre enfance, depuis le temps où j'allais chez M. Trayter[181], et dans (...), l'employé, m'y accompagnait. C'est un souvenir presque aussi ancien que celui du personnage à la petite échelle[182]; celui-ci arrivait toujours avec la chute des feuilles et la venue des jours tristes, tandis que ceux-là arrivaient avec les bourgeons, les illusions, les fleurs des rosiers. Toujours pareils à eux-mêmes, ils ne changent guère. L'homme, le cheveu un peu plus gris, le regard plus vague. Le chien, plus fané. La vieille, plus sèche, les yeux plus vifs. La baraque, elle, a pris un an de plus ; les personnages du jeu de massacre, les marionnettes sont moins nombreuses, car l'homme s'en débarrasse au fur et à mesure qu'elles sont abîmées... La baraque, plus triste que l'an passé, et les clients aussi. La misère plane sur les bâches délavées, les poursuivant par monts et par vaux. Ils vagabondent, s'arrêtant dans des lieux de joie pour se consoler d'une si grande tristesse... Hier le gars aux cheveux gris a fait son apparition, une marionnette cassée dans la main. Je l'ai reconnue aussitôt, c'est un Arabe. Je la vois chaque année. Amer, le gars a regardé la marionnette cassée qui lui souriait. Il l'a jetée. Le chien s'en est approché, lentement, et l'a regardée fixement, d'un œil mélancolique. La nuit est tombée. Les constellations ont commencé à vaciller dans le ciel et je suis resté plongé dans ma méditation...

Ainsi ces jours se sont écoulés avec une grande monotonie, paisiblement, jusqu'à ce que samedi soit là.

Samedi 17 avril

À l'heure où résonne le chant du coq, qui saute d'une basse-cour à l'autre, et alors qu'il fait encore nuit, on m'a réveillé. Nous allons à Empúries avec M. Vives[183], puis à six heures moins le quart nous avons rendez-vous avec tous les copains, sur la Rambla... Je suis au lit, je suis réveillé depuis longtemps. J'entends mes parents discuter dans leur chambre.

Dois-je te réveiller, je ne sais pas, le temps est très nuageux, les rues sont mouillées. Je cris : Il pleut ? Non, mais ça ne saurait tarder. Ma mère entre, m'embrasse, tu veux te lever ? Je suis un peu indécis, puis je décide de me lever. Prestement. Puis je sors dans la rue. Il bruine, l'air est humide. Tout est désert, mes pas résonnent, sinistres, au-dessus de ma tête. Le ciel est gris... nulle étoile ne brille... une pluie fine tombe...

Je fais les cent pas sur la Rambla, personne ne vient. Par instants je regarde le ciel qui commence à s'éclairer. Il fait jour. Cinq heures sonnent lentement au clocher.

Dimanche 18 avril

Je me suis levé tard, je suis allé à la messe. Il faisait gris. L'après-midi on est allé voir les (...). Pendant la pause, on a discuté avec les filles, à qui on avait fixé rendez-vous ce matin... On a ri, j'ai acheté des cacahuètes, des noisettes.

À la sortie, on s'est promené sur la Rambla. On s'est assis sur un banc. Nous les avons laissées, après avoir forgé mille projets, mille illusions irréalisables. Et ainsi le dimanche est passé !

Couché, je lis le (...) de (...)[184] jusqu'à ce que le sommeil ferme mes yeux.

Lundi 19 avril

C'est reparti. À nouveau Gallego[185], le lycée, la routine quoi. L'après-midi, comme tous les après-midi. Le soir, comme tous les soirs...

Mardi 20 avril

Aujourd'hui comme hier. Toujours pareil. Les maçons se sont mis en grève[186]. Des groupes ont descendu la rue et ont tourné au coin. J'ai pensé qu'ils devaient se rendre au syndicat. Je me suis promené sur la Rambla et j'ai entendu un groupe d'ouvriers discuter. Ils parlaient tous de la même chose, la grève, la Russie...

Mon père est souffrant, il garde le lit. L'ami Costa est venu le voir. À la sortie du cours de dessin, on a chanté et on a plaisanté.

Mercredi 21 avril

Le maître m'a dit que je devais me soumettre à la réalité ; et qu'ensuite on pouvait se laisser aller. Il prétend que d'abord on doit s'occuper du laid, puis du beau. J'ai pris la ferme résolution de suivre cet enseignement académique de toute mon âme. C'est pourquoi, après avoir discuté avec Carme et Estela, j'ai couru à l'Académie, où j'ai travaillé comme un forcené.

En Allemagne c'est pas fini. On craint un autre coup d'État militaire[187]. Beaucoup de tramontane. Le ciel est étoilé.

Jeudi 22 avril

Le vent très violent continue de souffler. Après le déjeuner on est allé en promenade avec « elles » et nous avons passé des moments délicieux. Cette nuit nous prenons la poudre d'escampette. Nous passerons la journée de demain à Barcelone. Puis nous suivrons la Costa Brava jusqu'en Italie. Là, nous nous enivrerons d'or et d'amour. Le soir tombé, on empruntera la route du château. Là-haut, nous quitterons l'Empourdan et Figueres, berceau de notre enfance. En cette heure de solitude, on entendra le chant des cigales, sous un ciel où les étoiles ne tarderont pas à briller...

Puis nous irons au cours (si l'on peut appeler cela un cours) de M. Vives, qui est une perpétuelle orgie.

J'ai passé tout l'après-midi à étudier. Mon père est encore très souffrant. Il a eu quelques visites : le médecin, Costa, Quim Cusí... Et, comme convenu, le soir tombé, nous nous sommes retrouvés sur la Rambla. Mlle Carré n'était pas là. Il y avait aussi les deux « fées » : Estela (celle des vieux souvenirs) et Emília[188]. Nous avons parlé de notre voyage et de nos aventures. On était très poétique. Nous nous sommes quittés très sentimentalement, peut-être pour toujours. Soyez très heureux, m'a dit Estela, merci. On est parti car Mlle Carré arrivait. On a remonté la rue. Mais Carme a perdu l'argent qu'on avait économisé. Le train est parti, nous laissant en pleurs et inconsolés. On a reporté le départ à la semaine prochaine. Après ces moments magnifiques, j'ai couru au cours de dessin, car il était très tard. J'ai dessiné de toute mon âme jusqu'à ce que Surroca[189] nous fasse le coup de chaque jour en annonçant huit heures... On est sorti, on a chanté, on a fait les fous. On s'est disputé sur la Rambla, on a couru dans les rues. Giralt nous a offert (comme d'habitude) pour cinq centimes de beignet. Il l'a partagé soigneusement à l'aide de ciseaux. Puis, comme d'habitude, nous sommes allés faire les pitres au jeu de massacre, à la baraque du couple triste et famélique... On a beaucoup ri (comme d'habitude). Je suis rentré. Le repas m'attendait, ainsi que la tiédeur incomparable des draps. Bonne nuit (merci).

Vendredi 23 avril

J'ai occupé mon temps comme les autres jours. La tramontane souffle. Les baraques de la place annoncent la foire prochaine. Je pense à Cadaqués et je ressens une émotion intense de profonde tranquillité. Soirs d'été... peindre... nuits tièdes de lune, de regret d'un amour silencieux... reflets et bleu du ciel, de la mer... blancheur de l'écume, joie ! Une barque revient de la pêche, lueur de la première étoile du crépuscule...

Mon père est encore alité, il discute avec ses amis. Ensuite je suis sorti, il commençait à faire nuit. Sur la Rambla j'ai discuté avec les filles. Il n'y avait pas dessin aujourd'hui. Nous allions et venions sans nous arrêter. Díaz et Giralt sont venus m'embêter. Après avoir pris congé d'« elles », je les ai insultés, et je suis parti. Où est-ce que tu vas, enfin ? faut pas te mettre dans cet état. Mais je ne me suis pas retourné, j'ai marché. Devant les bureaux de tabac, de longues queues de fumeurs professionnels attendaient leur tour avec résignation. J'ai erré dans les rues, indécis. Puis j'ai éprouvé le besoin de les voir et de leur parler. J'ai peut-être mal agi et j'en suis navré tout à coup. Je pensais à cela lorsqu'une voiture est passée. La queue s'est dispersée. Soudain, un cri de frayeur m'a fait me retourner. La voiture venait de heurter une jeune fille qui avait roulé par terre et manqué de se faire écraser ; le chauffeur avait freiné à temps. Je me suis précipité pour lui porter secours mais un groupe de gens m'ont précédé. On a tiré de sous les roues un enfant qui accompagnait la jeune fille. Tous deux pleuraient. Je me suis retourné à nouveau et me suis trouvé au milieu d'un attroupement, de visages angoissés et curieux. On a fait entrer les blessés dans le salon de coiffure qui appartient à M. Vilosa[190], Dieu ait son âme, il est mort. Il était très populaire et il plaisantait souvent avec moi. Je suis rentré, j'ai dessiné... Je n'ai pas le temps d'exprimer toutes les émotions que cela me procure. Chaque jour qui passe m'apporte son lot de tristesse, mais très vite je souris.

Samedi 24 avril

J'étais triste et de mauvaise humeur quand on est venu me réveiller. J'ai dit que je ne me sentais pas très bien. Je me sentais tout drôle et je me suis rendormi. On m'a réveillé vers les onze heures. Il faisait un temps sec et ensoleillé. La journée s'est écoulée, l'après-midi a commencé à mourir. La place était noire de monde : des soldats qui achetaient des beignets, des marchandes de vêtements qui passaient, des groupes d'ouvriers qui revenaient du syndicat, les baraques de loteries, les manèges de barques, les chevaux de bois… Le dernier rayon de soleil a embrasé les montagnes de Sant Pere de Roda. Le ciel était lumineux et rosé. Les hirondelles se perdaient dans l'espace vers les étoiles et je les ai regardées se confondre avec les nuages.

Je suis sorti et je suis tombé sur Giralt et Díaz. Ils ont dit qu'ils n'y retourneraient pas et nous avons ri… Puis, comme chaque soir — et comme il n'y avait pas de cours de dessin —, on s'est promené avec les « filles ». On a parlé d'amour. Carme n'y croit toujours pas. Elle prétend que tout n'est que mensonge. Et l'amitié aussi? Non, pas l'amitié ; mais pourquoi est-ce que tu me poses cette question ? Eh bien, l'amitié n'est-elle pas proche de l'amour… Ne parlons plus de cela, ce sont des choses tristes. Non, tristes, non, comiques !

Plus tard je les ai raccompagnées. Puis on est allé voir les nouveaux magasins Massot[191], dont l'inauguration a eu lieu aujourd'hui. On a ri. Giralt est un « artiste » bolchevik qui n'a pas son pareil pour se moquer des gens.

Dimanche 25 avril

Il a fait une journée d'été, une chaleur accablante, et je me sens ensuqué. J'ai passé la matinée avec « elles », à discuter de choses très belles...

Je me suis promené sur la Rambla, je me suis assis, puis un cireur de chaussures est arrivé, un garçon d'une dizaine d'années, sale, nu-pieds; il m'a demandé de lui laisser cirer mes chaussures. « Vous voyez? je travaille. » Car un jour il était venu me demander la charité et je lui avais répondu qu'il n'avait qu'à travailler!

Il m'a ciré les chaussures, j'ai payé, et il m'a regardé avec des yeux étincelants. Tous se moquent de lui et il erre, triste comme un chien, avec sa caisse sur l'épaule, dans l'attente de faire pitié à quelqu'un, qui lui laissera cirer ses chaussures.

L'après-midi je voulais aller au théâtre, mais la mère de Reig m'a invité à Vilabertran, et j'ai été obligé d'y aller. J'ai passé un après-midi des plus horribles. Je me suis ennuyé à mourir, je me suis senti triste, les heures n'en finissaient pas de s'écouler. Reig a fait tourner le phonographe! Les filles se sont mises à danser et voulaient me faire danser. J'ai refusé, je me sentais nerveux. Voilà comment on perd un après-midi, c'est horrible! Il faisait une chaleur insupportable, j'avais envie de pleurer. Je pensais à elles et j'attendais l'heure pour me rendre sur la Rambla et parler avec la belle Estela. Mais le soir est venu et nous ne partions toujours pas. J'étais impatient. Sept heures et demie, déjà. Bon, fichu. Je ne la verrai pas. Tous les espoirs se sont dissipés et j'ai ressenti une déception très amère poindre en moi-même. Enfin nous sommes partis. Je portais des roses. La lune brillait dans un ciel transparent et pur. J'ai entendu le chant des grenouilles. Deux larmes ont glissé sur mes joues. De regret. Je me sentais très triste.

J'ai discuté avec Reig de l'ennui que j'avais éprouvé. Moi qui ne m'ennuie jamais. On est arrivé à Figueres. Sur la Rambla il y avait encore du monde. Mais celles à qui j'ai pensé tout l'après-midi n'étaient pas là. Je suis rentré. Je me suis détendu. Pendant le dîner, je craignais — depuis plusieurs jours déjà — que l'on me parle d'« elles ». J'ai essayé de parler de tout autre chose, mais cela semblait toujours avoir un lien; et j'en étais toujours troublé.

Ainsi s'est achevé ce jour, stupide, ennuyeux, rageant; je jure que cela ne se reproduira jamais.

Lundi 26 avril

Il fait une tramontane terrible. Les bâches des étals et des baraques de la place ont menacé de se déchirer et les forains se sont empressés de les consolider avec des cordes...

Le soir je me suis rendu comme d'habitude au cours de dessin, où j'ai travaillé d'arrache-pied. À la sortie on a vraiment fait les idiots avec les copains. L'état de mon père est stationnaire.

Mardi 27 avril

Rien de nouveau. J'ai passé la journée comme les jours précédents. La nuit j'ai parlé avec les filles et je me suis jeté à l'eau. Parfois je gaffe et j'en suis amer. Je ne sais pas les leçons pour demain et ça me rend triste. Estela est splendide...!

À la maison j'ai trouvé Costa et Cusí en train de discuter avec mon père. Ils ont parlé de Xènius et de beaucoup d'autres choses. Chaque jour à cette heure j'aime écouter les débats de l'ex-journaliste. Il a de l'humour et un tempérament voltairien. C'est intéressant de l'entendre parler.

Mercredi 28 avril

Il a fait une journée claire, sereine, calme. À l'heure où la lumière est indécise, avant le crépuscule, les nuages ont pris une teinte rose, lumineuse, puis la nuit est tombée, lentement, et son mystère a tout enveloppé. Sur la Rambla une chouette chuintait. Son chant m'a rappelé l'été et les tons clairs et lumineux. Avec Giralt nous sommes montés sur les barques foraines et nous avons ri.

Jeudi 29 avril

Matinée horrible. Je ne savais rien de la trigonométrie et j'avais le pressentiment que j'allais être interrogé. J'ai passé des moments d'angoisse et je me suis moqué amèrement de mes craintes auprès de mes camarades. À chaque instant j'avais l'impression d'entendre la porte de la salle des professeurs s'ouvrir. Plus le temps passait, plus il tardait à passer. Il ne restait qu'une demi-heure avant la sortie, mais cela était suffisant pour qu'il me mette un zéro. C'est avec un pincement au cœur que j'ai regardé les minutes défiler; quand il n'en est resté plus que cinq... j'ai respiré, j'ai souri de satisfaction, comme si l'on me soulageait d'un lourd fardeau... Le cours était fini ! Vive la Divine Providence ! Oui, mais demain j'en serai au même point... Et c'est avec cette pensée en tête que je suis rentré, la menace planant sur ma tête... Je suis allé avec les filles, j'ai étudié... Chaque année, lorsque les ailantes et les rosiers du lycée sont en fleurs, surviennent les angoisses et les mauvais moments pour les élèves... C'est la vie !

Vendredi 30 avril

Il a fait une journée chaude, le ciel était très bleu et serein. J'ai passé de mauvais moments avec le cynique Bosch[192], le professeur d'algèbre. C'est un âne, et comme tous les ânes il est prétentieux. Il a l'intention de coller beaucoup d'entre nous, et les lycéens lui vouent une haine implacable. On a réclamé que ces examens soient supprimés et, cet après-midi, les professeurs se sont réunis pour prendre une décision. L'après-midi je suis allé au lycée. Je devais m'inscrire. En attendant l'heure d'ouverture du secrétariat, j'ai regardé les sportifs. Il faisait très chaud... et la torpeur était grande... J'étais au secrétariat lorsque j'ai entendu un grand remue-ménage. Les professeurs poussaient des cris d'indignation, au milieu de coups de poing et d'un brouhaha confus. Je n'ai pas entendu ce qu'ils disaient au juste, mais il semble que la réunion ait été agitée et houleuse.

Les étudiants ne parlent que de ça. On dit que Bosch persiste à vouloir faire passer ces épreuves. On dit aussi que les personnes qui s'étaient porté volontaires pour donner les cours se sont retirées et qu'ils ne reviendront pas au lycée. À la dernière heure on a reçu des consignes de grève. Si les rumeurs se confirment, aucun élève de cinquième et de sixième ne mettra les pieds en cours demain, semble-t-il. Ma classe s'associera à la grève par solidarité, sûrement. Il règne une grande agitation et on s'apprête à le siffler.

Avec Giralt, on est allé aux barques foraines à la sortie du cours de dessin... Mon père est encore alité avec son indigne douleur.

Mai

Samedi 1er mai

Il a fait un soleil de plomb. On est entré dans la première classe du lycée. Nous attendions une réponse du directeur. Il paraît que les professeurs sont en grande discussion. Un pion nous a amené la réponse. Tout le monde l'a entouré. Mais soudain la porte de la salle des professeurs s'est ouverte et M. Núñez, le col de guingois, échevelé, beuglant, a jeté M. Bosch dehors. Nous avons accouru. M. Eixarch, notre bon vieux directeur, est sorti. Un silence s'est instauré… puis il a dit, sous le coup de l'émotion : Ce grossier personnage a essayé de me frapper. M. Núñez a crié : Dehors malotru ! Alors M. Bosch, qui était tout taché de chaux et avait une blessure à la main, s'est adressé à nous avec un rire de fiel, cynique, mielleux, et un tremblement nerveux. Messieurs ! a-t-il dit en s'efforçant de garder son calme, je vous félicite. Vous êtes parvenus à vos fins, avec le soutien de ce dinosaure de directeur et de ce secrétaire que je ne saurais qualifier. Vous pouvez être satisfaits… Bien sûr, monsieur, a répondu énergiquement un lycéen… Eh bien, merci ! Un cri phénoménal a retenti au milieu des protestations et des insultes : Imbécile, imbécile heureux... On l'a accompagné jusqu'à la porte du lycée en hurlant. Il a pressé le pas en souriant d'un air stupide...

Il n'y a plus cours. Tout le monde exulte, en proie à la nervosité. Je ne sais pas ce qui se passe. On dirait qu'on nous a délivrés d'un lourd fardeau. Devant nous s'ouvre la perspective d'une semaine de fêtes, pleine de joie et d'amour. Le soleil brille et le ciel est d'un bleu intense. Bosch a été remercié[193]. On ne le verra plus. C'est le début d'un été resplendissant, plein de lumière et de promesses.

Foires et fêtes de Sainte-Croix

Cette année elles ont duré neuf jours, neuf jours pleins de joie et de grandes émotions. Ces fêtes sont extraordinairement joyeuses. Tout l'Empourdan se donne rendez-vous à Figueres. Le commerce bat son plein et on y voit de grands marchés à bestiaux et agricoles. C'est un événement qui a une saveur hellénique exquise. Mais il a fait très chaud et j'ai eu la flemme de rapporter mes « impressions ». À présent il me serait impossible d'évoquer toutes les émotions de ces jours lumineux et animés. Je le regrette, d'autant plus que tout était très pittoresque et digne de souvenir. Il faudra attendre l'année prochaine mais alors ce sera différent; ou du moins, toutes ces choses seront vécues et comprises d'une manière différente, moins ingénue, mais plus solide.

En bref, je viens de passer des jours délicieux, sentimentaux. J'ai marché en me fondant dans la foule. J'ai parcouru les rues où se déversaient des flots de paysans. Je m'arrêtais pour écouter les bonimenteurs... etc., etc.

Je rejoignais les filles lorsque le crépuscule était d'une suavité exquise, je les invitais aux manèges, à manger des beignets, puis sur la Rambla, où on avait peine à se mouvoir. Là, sous les platanes géants, j'admirais, sous mon ample chapeau, les yeux étincelants d'illusion, de gentilles et graciles demoiselles, qui se retournaient pour me sourire... qui passaient et repassaient pour me lancer un regard... Je suis resté de longs moments dehors, sur le balcon, dans l'incertitude crépusculaire, à observer les filles qui marchaient lentement, se tenant par le bras comme des guirlandes de lis, et s'échangeaient des propos innocents au creux de l'oreille. C'est alors que les étoiles se mettaient à scintiller, le jour mourait, disparaissait. L'air était tiède. Tout retenait la vibration du soleil. Quelle poésie!

Je suis allé au cinéma. Nous avons été applaudir une artiste à la peau rosée, voluptueuse. Grande, svelte, elle exécutait des danses espagnoles. Ses chevilles et son décolleté excitaient mes copains, qui lui envoyaient des baisers, des regards brûlants, tandis que de sa gorge rauque jaillissaient des « olé! » et des cris de joie.

Avec Giralt on a ri comme des fous. On est allé à la toupie chaque jour. Sur la Rambla on a enlacé de très belles filles.

Je suis allé à la corrida[194]. J'ai hurlé, j'ai ri. Le ciel était d'un bleu intense, le soleil, splendide. Il faisait très chaud, les arènes bouillonnaient d'allégresse. Il y a avait des belles filles à foison : du sang, du sable et du soleil.

Je suis allé dans plein d'endroits et je me suis amusé. J'ai souri à une dompteuse de lions. On a parlé un peu. Je l'ai applaudie avec insistance, elle m'a souri... m'a regardé. Je suis revenu le lendemain, le cirque n'était plus là. Je suis resté quelques instants planté là, en proie à une grande tristesse, à une grande désillusion...

Il y a eu du foot, avec les « filles », des feux d'artifice, etc., etc. Et au même moment, il y a eu une crise, une parmi tant d'autres. Je crois que Dato[195] est un espoir, qu'il apportera de la nouveauté.

En Russie, il y a la guerre contre la Pologne[196]. Les communistes vont se rendre maîtres de la Crimée. En France, beaucoup de grèves et de coups de feu[197]. Ici, en Espagne, plus de grèves et d'assassinats que jamais[198]. En Allemagne, des porcs, comme toujours. Je viens de lire *El mundo es ansí* de Pío Baroja. J'adore. Et la devise du blason de Navaridas me revient souvent à l'esprit[199].

Les fêtes sont terminées et il faut retourner au lycée. Il reste peu de jours de classe et le fait de penser que dans une semaine je serai libéré de l'algèbre et de tout le reste m'emplit de joie. Parfois je pense que je pourrais bien être collé. Mais il ne faut pas penser à des choses tristes.

J'ai ressenti quelque émotion voluptueuse. Je suis allé aux toilettes. J'ai ressenti un grand plaisir dans la sensualité. Mais à la sortie je me suis senti abattu et j'ai éprouvé du dégoût de moi-même. Comme toujours je me suis promis de ne pas recommencer. J'en ai pris la ferme résolution. Je crois que cela occasionne une perte de sang. Et ce n'est pas ce qui me convient précisément.

Vendredi 14 mai

Je me remets de toute mon âme à la rédaction de mes « impressions ». Je surmonte ma flemme et je m'y attelle. Il a fait une journée nuageuse, mais chaude. Je suis nerveux, très nerveux, inquiet. Les examens sont tout proches et cela n'est pas très réjouissant. J'entends les oiseaux chanter. Les hirondelles traversent le ciel en toute liberté. Les arbres, les rosiers sont tout en fleurs.

Mais mon cœur est triste. Tout ce qui m'entoure est empli de liberté tandis que moi je suis prisonnier de mon livre de textes, fort peu sympathique, inhumain. Je suis allé au lycée. Avec Carme on a parlé de sujets toujours plus pittoresques et compliqués... L'après-midi, comme d'habitude, j'ai étudié dans ma chambre. Les nuages étaient gris. La baraque du jeu de massacre est déjà partie. De toute la joie qui régnait sur cette place il ne reste que des dépouilles, les squelettes des dernières baraques qui plient bagage. Il y a toujours les chevaux de bois qui tournent follement. Un cortège funéraire passe. C'est un cercueil pauvre, sans ornements. Des hommes suivent en silence. Près du trottoir des fillettes jouent avec des guirlandes de feuillage. Derrière les vitres d'une maison voisine se découpe la silhouette anguleuse d'une vieille qui coud. On dirait un tableau de Holbein. Plus haut, un balcon. Dehors, sur le balcon, une fillette. Une fillette avec de grandes tresses sur les épaules. Parfois elle me regarde. Parfois elle lève les yeux de son livre plein de chiffres et de lettres insignifiants. Je la regarde. Ainsi l'après-midi est passé. À sept heures je suis allé au cours de dessin. Auparavant j'ai été salué Carme et Estela. Puis j'ai travaillé de toute mon âme. L'étude approfondie d'un plâtre est tout à fait intéressant. Chaque chose a sa beauté et son charme, même une « académie ». À la sortie, avec Giralt, on a discuté avec une fille sur la Rambla. On lui a dit qu'elle était belle. Elle nous a répondu qu'elle avait des miroirs chez elle pour se regarder. Nous avons insisté. Enfin elle a ri et nous a lancé un regard coquin. Reig m'a dit qu'elle soupçonnait nos intentions; j'en avais moi aussi l'impression; on est parti.

Le monde entier est en effervescence. En France un bras de fer titanesque oppose prolétariat et gouvernement. L'invasion polonaise a été stoppée[200] et les rouges ont pris possession de l'Arménie. En Italie les socialistes ont mis en échec le gouvernement de Nitti[201]. On dit qu'il y a une révolution à Moscou. Ces gens de *La Publicitat*, ils ont toujours des choses nouvelles à nous apprendre[202] !

En peinture, pour M. Subias, les œuvres d'art les plus dignes d'intérêt sont celles de Mir[203], un maître reconnu; de Canals, celui des couleurs d'eau et de feu, de Domingo, celui du *Garçon malade*, dont Xènius vient de parler[204] ; de Vayreda, celui des fines tonalités; de Colom; et de Iu Pascual[205]. En sculpture, le grand et grec Casanovas (Enric)[206], qu'un critique a comparé à Phidias et à Praxitèle.

Mon père souffre gravement de la goutte. Son ami Costa lui tient compagnie. Il parle des cirques, du Tívoli, du clown anglais, de Clavé. Tous deux évoquent l'époque où ils vivaient à Barcelone. Ils se complaisent à rappeler ce qui ne reviendra jamais.

Samedi 15 mai

Le matin, comme d'habitude. Le ciel était nuageux mais il a fait chaud. J'ai reçu une convocation pour être entendu dans l'affaire Bosch. Les lycéens ont créé la Ligue de l'espadrille. Dans le monde entier est né un mouvement pour la suppression du luxe et du superflu.

Des pions nous ont informés que nous devrons faire notre déposition cet après-midi.

Après le déjeuner je suis tombé sur elles. Carme était triste. Beaucoup d'élèves de cinquième et de sixième année sont venus au cours de M. Vives. Ils ont fait un chahut terrible et M. Vives les a mis à la porte. Mais ils se sont obstinés et sont rentrés. Alors, ça a été l'orgie. Vives a affirmé qu'il ne collera personne. Tout le monde s'est mis à hurler. Vive Vives! Vive Vives! Ils ont jeté les tables par terre avant de sortir dans la cour avec fracas.

Puis la journée est devenue plus sereine. Le ciel était bleu. Le soleil lumineux, jaune, filtrait à travers les ailantes et les rosiers.

On est allé avec Lenti[207]. On a discuté de Maragall. Il a dit qu'on doit faire preuve d'esprit nationaliste. Si on aime la Catalogne, on aime l'humanité.

Puis on a attendu un long moment, tout l'après-midi, pour faire notre déposition. Au début, tous hurlaient, faisaient les pitres. Mais on s'est vite fatigué. J'ai dessiné des bonshommes (immoraux) sur le mur et mes copains les ont admirés. Puis on en a eu assez — moi de dessiner et eux d'admirer —, on s'est arrêté. On s'est promené de-ci, de-là, en discutant de choses dépourvues de sens commun (si le sens commun consiste à penser comme tout un chacun). Calleja, le juge qui s'occupe de l'affaire, est arrivé[208]. C'est un personnage à la Bagaria[209], un bourricot. Avec Díaz on l'a immédiatement consacré « putrescent »[210]. C'est un Bourge (il pourrait même avoir la carte de la Lliga), prof, ventripotent, lunettes, moustaches kaiser et pointe germanique sur un crâne qui, bien que non apparent, doit être là. Il est passé devant nous et nous l'avons salué chapeau bas. Et nous avons commencé, ou plutôt, ils ont commencé, car j'étais l'avant-dernier... Et l'après-midi s'est écoulé lentement... Enfin mon tour est arrivé. Après je ne sais combien d'heures d'attente. Puis-je? ai-je demandé. La voix de Calleja a répondu : allez-y. Je suis à votre disposition. Merci, veuillez vous asseoir. Je me suis assis. Promettez-vous de dire toute la vérité? J'ai promis. Il m'a posé des questions. Il m'a lu la déposition des autres. J'ai dit que j'étais d'accord, que c'était la vérité. Le secrétaire a rédigé le texte, me l'a lu, j'ai écrit mon nom. Merci. Bonne continuation. Bassols[211], très las, est entré après moi. Je lui ai dit… Bon…

Les feux du couchant faisaient luire les nuages, des flaques dorées brillaient sur le sable. Le soleil s'est couché. Pagès[212], le vieux concierge, s'est assis sous les voûtes. Il régnait une grande quiétude. J'ai caressé un chat blanc. Bassols est sorti enfin, on a descendu la rue Sant Pau[213]. C'était mortel, a-t-il dit, terrible, et il a souri, sceptique.

À la maison j'ai bu de l'eau fraîche et j'ai foncé au dessin. Vers le soir on est sorti sur le toit. Le toit donne sur une cour centrale où se trouvent de nombreuses maisons, dont l'Académie. Il y a des fleurs, des gueules-de-loup, qui poussent dans les interstices et la mousse du mur. Au bas, un palmier, un bassin. À notre niveau, une galerie avec un puits. Chaque année, à l'approche de l'été, un violoniste nous régale de sa musique. Il fait des gammes, les mêmes, comme chaque année. Autrement dit, il ne progresse guère. Cela fait des années qu'il joue la même chose. Mais bien qu'il ne s'agisse que d'accords, ceux-ci résonnent pleins de mélancolie et de douceur dans la quiétude du crépuscule. Les lumières, les notes, évoquent en moi des souvenirs, souvenirs des années passées. Au-dessus de la galerie, une fenêtre éclairée, avec des filles derrière. Nous leur parlons. On leur demande de gratter une allumette, car on ne peut pas apprécier leur beauté. Elles nous répondent qu'elles n'ont pas d'allumette. On leur demande si elles acceptent de se laisser dessiner. Elles répondent que ce n'est pas la peine de perdre notre temps, que le maître va nous enguirlander. On dit que ce serait un plaisir de se faire enguirlander à cause d'elles. On dit plein de bêtises. Je demande son prénom à l'une d'elles. Je lui dis que c'est là un très beau prénom. Elle dit qu'elle me voit à la clarté de la lune et que je suis

Dalí. Demain elles seront de sortie et on pourra bavarder, car il est l'heure de partir. Surroca est déjà monté. Après avoir dit mille bêtises, on a descendu les escaliers de l'école et on est sorti… Ainsi la journée est passée. Maintenant je vais aller me glisser dans les draps (si possible sans penser aux examens) et je vais lire *L'Apprenti conspirateur* (mémoires d'un homme d'action) de Pío Baroja[214].

Dimanche 16 mai

Je me suis levé très tard. Je suis allé chez le coiffeur. Puis à la messe. Je suis tombé sur Subias. Il voulait me prêter un livre de reproductions du grand primitif Viladrich, avec une magnifique préface de Pérez de Ayala[215]. C'est merveilleux.

On a parlé d'art. Je lui avais fait cadeau d'un de mes tableaux. Je lui ai avoué qu'il n'est plus à mon goût maintenant, qu'il n'était pas construit. Sur ce point, il m'a approuvé.

L'après-midi je suis allé au théâtre. C'était une reprise, mais ça nous a permis de passer un moment. À la sortie on a pris le chemin escarpé du château. L'Empourdan est un jardin, un jardin généreux. Plein de poésie. Avec Reig et ma tante on a parlé des examens. En parler allège mon angoisse… Ma sœur et ses camarades courent et jouent, leurs robes bleu ciel et roses ressortent dans les colorations rosées des nuages et les couleurs bleues et mauves des montagnes. Le soir, sur la Rambla, j'ai discuté avec Subias et Giralt.

Lundi 17 mai

C'est la fête. (...). J'ai passé la journée à travailler. J'ai étudié l'algèbre. Les dernières baraques foraines sont parties, laissant la place déserte. Il y a un coucher de soleil rutilant, lumineux. Carme et Mlle Bandellós[216] sont restées dessiner durant la moitié du cours. Tout en dessinant nous avons discuté et plaisanté. À la sortie on a parlé de peinture avec Giralt et Subias. Nous avons approfondi jusqu'à la philosophie, jusqu'à l'incohérence parfois... la peinture existe-t-elle? Mieux vaut arrêter, on va devenir fous.

Mardi 18 mai

Je suis très nerveux. Les examens m'exaspèrent. J'échafaude mille projets au cas où je serais reçu. Je pense à Cadaqués, à la peinture... Le soir je suis sorti et je suis allé au cours de dessin. Naturellement, j'y ai travaille d'arrache-pied. À l'extérieur le violoniste égrenait quelques notes vibrantes de mélancolie dans le calme du crépuscule. Mes camarades faisaient les idiots et se disputaient avec leurs voisins. On est sorti, on est tombé sur Subias, on a divagué. Je me suis endormi en pensant à dix mille choses irréalisables, aux moyens qui me permettraient d'avoir une bonne note en algèbre. Je ressens une grande angoisse. Toutefois je suis fin prêt pour l'épreuve... Je pense à nouveau à Cadaqués et combien je serais heureux si je réussis les examens.

On est allé en cours d'histoire et, comme d'habitude, on est allé en promenade avec nos amies. J'ai laissé Carme (celle avec qui je pense passer un moment), puis, avec Mlle Carré, on a pris la direction du lycée... Elle m'a dit que mon manque de franchise la peinait. Je lui ai répondu que je ne comprenais pas. Si tu ne peux pas le cacher, ne fais pas semblant, tu es triste. Je ne sais pas de quoi tu parles. Tu dis que tu ne sais pas alors que tu ne penses qu'à ça. Je t'en prie, explique-moi. Puis on a dû rentrer car il était tard. On est allé en histoire. Là, on a supporté l'ennui et le chahut habituels. À la sortie, le soleil était tiède et l'air embaumé par le parfum des rosiers. Tu m'as dit que tu m'expliquerais. Mais pourquoi répéter ce que tu sais mieux que moi ? Je ne comprends pas. Tu es amoureux de Carme, n'est-ce pas? Comment sais-tu cela? Je le sais! Qui te l'a dit? Carme. Carme? Oui! Ce n'est pas vrai. Sala lui raconte tout... ton amour... non, non, ça me fait de la peine, je ne veux que votre bonheur. Merci. Ce qui me peine, c'est que tu te confies à Sala, et pas à moi! Non, ne crois pas cela, malheureusement, c'est vrai, je suis amoureux de Carme, mais je ne l'ai jamais dit à personne, c'est un secret que je voulais garder pour toujours, pour l'éternité, je voulais en souffrir seul, c'était mon seul égoïsme! Donc Sala a tout raconté! Moi je n'ai rien dit... Alors... Tu doutes de moi? Pourquoi devrais-je te tromper? Crois-moi Lola, je t'en prie... Je te crois mais... Je te demande de me croire... Bon... Un court silence s'est installé. Ne dis rien à Sala, tu me le promets? Non, je ne dirai rien! Et toi, à Carme, surtout, rien non plus, on en reparlera demain. Au revoir.

Dommage, si j'avais mon examen en poche! Ce serait

génial, me suis-je dit, sur le chemin du retour. Puis j'ai repensé à tout ça, et j'ai vu quel cynique je suis. Je ne suis pas amoureux de Carme. Toutefois j'ai feint de l'être. J'ai raconté tout cela à Sala, exprès. Je lui ai recommandé de ne rien lui dire. Et pourtant, bien qu'il ne la voie guère, il lui a tout raconté. Toutes les deux sont de mèche, c'est évident. Elles ont tout prémédité et organisé. Le monde est ainsi, mensonge et mesquinerie. Ce qui me soulage, et me justifie peut-être, c'est qu'elle feint plus que moi, et que mon seul désir c'est de passer quelques heures à me griser d'un possible amour entre nous. Ce sera un amour qui s'émoussera avec le temps, qui finira par s'éteindre ; un feu de paille dont il ne restera que des cendres, des étincelles peut-être. Après, qui sait ? Jouissons du moment, on ne vit qu'une fois.

Mercredi 19, jeudi 20 mai

Ces derniers jours je n'ai pas rédigé mes « impressions » car j'étais stressé par les examens. Après de grandes frayeurs, j'ai fini par m'en sortir. Je me suis débarrassé de toutes les matières. J'ai eu (sans mérite) deux passables, deux assez bien, un bien. On a terminé les cours de dessin aussi. Je suis triste à l'idée de quitter l'Académie, qui m'est si intime, où les choses les plus hostiles, les statues grecques, le douloureux Laocoont et le gladiateur furibond, commençaient à me regarder aimablement. Quand je suis sorti, mes camarades se disputaient avec les voisins, pendant que le violoniste jouait ses accords tristes. Au crépuscule, Surroca, le gentil surveillant, a posé sa main sur mon épaule, à l'année prochaine… Je me suis laissé aller à un brin de philosophie de comptoir, ce que le temps passe vite, les jours, les années. À l'année prochaine, Surroca, et bonne santé ! Je suis parti. En fait, ma joie d'avoir réussi mes examens n'est pas aussi grande que je pensais. Chaque année c'est pareil. Néanmoins, plus qu'une joie c'est un grand bonheur qui m'envahit doucement.

Dès que je me sens prêt, j'ouvre le tiroir de ma chambre. J'en tire les boîtes avec précaution. Je les ouvre. Ce sont les tubes de peinture. Ces tubes nets et brillants contiennent un tas d'espérances pour moi. Je les regarde, je les caresse de mes mains tremblantes d'émotion, comme doivent le faire les amoureux. Mes pensées volent au loin. J'entrevois tout un avenir plein d'espérance et de chance derrière ces couleurs. Je me vois déjà jouir de la peinture ; jouir en pensant aux jours heureux où, après un an d'épreuves, d'émotions et de mensonges, je pourrai commencer le travail en toute conscience, le travail sacré de celui qui crée. Et je vois les couleurs très pures couler des tubes sur la palette, et mes pinceaux les recueillir avec amour. Je vois mon œuvre avancer. Souffrir dans la création. M'extasier et me perdre dans le mystère de la lumière, de la couleur, de la vie. Mon âme fusionner avec celle de la nature... Chercher toujours plus, toujours au-delà... Plus de lumière, plus de bleu... plus de soleil... m'abstraire dans la nature, en être un élève soumis... Oh, j'en deviendrai fou ! Ah ! je ne serai heureux que le jour où je pourrai extérioriser tout ce que j'ai imaginé, tout ce que j'ai senti, pensé, durant une année passée à penser, à voir, à garder, contenir, réprimer mes angoisses créatrices ! Ah ! comme je m'y plongerai, comme je travaillerai, comme je vivrai ce qui m'a été défendu de vivre au cours d'une année pleine de mathématiques et de stupidités ! Et je ne veux pas dire que les stupidités et les mathématiques ne soient pas quelque chose de très pittoresque.

Suite de mes aventures amoureuses
D'une lettre et de ce qu'elle dit

Lundi, avant la révélation, Carme m'a lu une lettre. Celle-ci[217]. J'ai fait semblant d'être très ému et je suis resté pensif. Elle l'a remarqué et j'ai éprouvé de la satisfaction. C'est l'après-midi ; on a laissé Carme et on est allé au lycée. Il a fallu attendre trois heures pour avoir la note de Vives, on a commencé à discuter. Est-ce que tu vas lui déclarer ton amour ? À quoi est-ce que ça servirait ? ai-je répondu avec un sourire amer... On ne sait jamais... Non, ce n'est pas impossible, oh, et dire qu'elle est au courant, comme elle doit se moquer de moi ! Se moquer ? et pourquoi donc ? Il y a eu un grand silence. Les enfants jouaient à « un, deux, trois, soleil ». L'après-midi s'est écoulée paisiblement. L'amour est triste, ai-je dit en soupirant. Tu dis ça par expérience ? a-t-elle dit en riant. Malheureusement ! Ne te moque pas, ça me fait mal ! Je ne me moque pas, non ne crois pas ça, mais pourquoi tu trouves ça impossible ? Je n'ai jamais pensé que l'amour puisse se partager. Alors tu n'avais pas lu cette lettre ? Sais-tu à qui elle fait allusion ? Que veux-tu dire ? Tu veux dire que... non, non, un tel bonheur ne peut exister, je ne le mérite pas, non, en plus, des occasions pareilles ne se présentent que dans les romans, au cinéma... Parfois, a-t-elle ajouté avec insistance. Tu sais quelque chose... allez, raconte-moi ! Elle n'a pas répondu. Je t'en prie ! Toi aussi tu me cachais ton amour ! Et maintenant tu te venges ? Cruel ! Je crois que l'amitié permet de parler de choses joyeuses. Mais aussi de partager les peines ! a-t-elle dit.

Mais à quoi rime tout ça... Je ne comprends pas, je vais devenir fou, ne me tourmente plus, je t'en prie Lola ! Tu sais quelque chose, pourquoi ne veux-tu pas me le dire, à quoi sert notre amitié ? Il y a eu un grand silence, seuls nos pas résonnaient le long des voûtes. J'ai insisté plusieurs fois. Je sais parfaitement ce qu'elle finira par me dire, et toute la combine, mais elle feint admirablement.

Enfin elle m'a tout raconté. La lettre faisait bien allusion à moi. C'est elle qui est amoureuse de moi, en fait. Toutes deux étaient de mèche, elles ont tout manigancé. J'ai fait semblant d'être très content. Je l'ai remerciée. On a épuisé le sujet. Deux heures de conversation, où nous ne savons que dire... Quel après-midi ! Il fait beau, hein ? Et ainsi jusqu'à la fin de l'après-midi. Ils ont fini par nous donner les résultats signés... et nous avons quitté le lycée. Je lui ai demandé de ne rien rapporter à son amie de notre conversation, persuadé qu'elle lui racontera tout. Tout est comédie et feinte. Le monde est un lieu de délices, et ces délices, c'est le tempérament qui les produit. Voltaire fut un maître de la vie.

Vendredi 21, samedi 22 mai

(J'ai ressenti l'envie de créer.) Le premier jour, j'ai dessiné, enfermé dans la maison, j'ai travaillé d'arrache-pied. Le soir est tombé, je suis sorti. On a joué des sardanes (c'est la Saint-Bauzile). Devant la porte de l'église[218] il y a trois pins. Ma tête n'est occupée que par les tonalités de mes dessins. Avec Subias, nous avons vagabondé. Je suis allé dîner.

Le lendemain je suis allé à la rivière, sous les arbres, à l'ombre. Les rossignols chantaient. À la Gorja Blava[219] des lycéens se baignaient. J'ai fait quelques esquisses. Le soleil était irrésistible. J'ai été tenté de plonger dans la clarté de l'eau.

Nous y sommes allés, comme prévu. Je suis tombé sur Carme. Elle cherchait Lola. On s'est promené longtemps, seuls. Je n'avais rien à lui dire. Il y a de grands moments, cruels, de silence. Nous sommes tombés sur Lola et Sala. On est allé à la Nouvelle Promenade, on s'est assis sur un banc de pierre. Je l'ai regardée avec insistance. J'ai échangé des clins d'œil avec Mlle Carré. Celle-ci faisait de même avec Carme, et Sala avec moi. On faisait tous semblant. Elles lisaient des passages de romans et la nuit est arrivée. Carme ne pouvait plus distinguer les lettres. Je me suis approché très près, *pour voir si je pouvais lire.* J'ai senti sa respiration et mon épaule reposait sur son bras. Il faisait presque nuit noire et j'entendais le chant des grenouilles. Plus tard, un grillon s'est mis à chanter, au loin, et nous nous sommes tus. Puis, très lentement, on a cheminé vers la ville. J'ai observé les yeux de Carme; dans leur clarté je voyais le scintillement des constellations.

Dimanche 23 mai

Je suis allé à la messe. On a ri comme des fous avec les autres lycéens, puis j'ai raconté un tas d'âneries. L'après-midi je suis allé au foot. On a dû faire la queue. On est entré, il y avait beaucoup de monde derrière moi. Carme était là, à deux mètres, avec son père, et nous avons échangé des regards. À la sortie on est allé sur la Rambla. Elle était assise sur une chaise avec sa famille. Impossible de lui parler.

Lundi 24 mai

L'après-midi on est sorti en famille. Ma sœur et ses camarades, Carlets[220], Carlets le naïf, sont allés pique-niquer dans les bois. Il faisait chaud. Au départ j'ai dit que je ne pouvais pas les accompagner. Peut-être l'ont-elles mal pris. Et puis j'ai oublié, pris d'enthousiasme au milieu de la nature. Les champs de blé s'étendaient près du chemin, plein de peignes-à-loup. Le vent berçait les épis et les champs ondulaient comme sous des vagues dorées. Tout réverbérait la lumière et la terre montrait sa puissance féconde. Les coquelicots brodaient les champs de taches rouges et ceux-ci s'étendaient au loin, avec des vergers aux fruits verts, des carrés de tomates qui commençaient à mûrir. De petits filets d'eau arrosaient les racines des choux et des légumes, les premières fleurs ornaient avec empressement et un goût exquis les margelles des puits. Dans un coin, des moineaux chantaient et les hirondelles volaient au ras de la terre. On a pris un chemin où nous avaient précédés des marguerites et des fleurs jaunes. Avec ma tante[221] on a discuté du communisme, avec beaucoup d'esprit. Nous sommes passés près des maisonnettes qui bordent la voie du chemin de fer. Chacune a son jardin, son puits, son chien, le petit garçon nous a regardés d'un air apeuré; les poules et les canards s'approchaient, cou tendu, les yeux au ciel, et la dame qui tricotait devant la porte. Dans une de ces maisons, on nous a donné une cruche d'eau fraîche. Nous sommes arrivés au bois. Il était épais, débordant de végétation. Les arbres poussaient à leur aise, sans ordre établi. Les fleurs, les genêts ornaient le tapis de mousse humide. Les lis d'eau relevaient leurs têtes jaunes et mauves, regardant le ciel rutilant qui se cachait derrière le feuillage. J'ai retiré ma veste et je me suis couché sur l'herbe, à l'ombre. Ma sœur et ses camarades couraient et jouaient à cache-cache.

Les rossignols et d'autres oiseaux emplissaient l'air d'une poésie calme. Je pense qu'il serait bien de venir ici avec les filles. On a goûté, j'avais très faim. Une grande nappe était étendue sur le fond vert de mousse. Nous avons mangé tout autour, tous réunis. Carlets souriait ingénument satisfait. Le calme et la joie de l'après-midi se reflétaient sur tous les visages. On aurait dit un de ces *Déjeuners sur l'herbe* de Manet[222]. Soudain, on a pris peur : des bœufs fonçaient sur nous, sans nous voir. On a décampé. J'ai grimpé à un arbre. L'un d'eux m'a regardé fixement de ses grands yeux mélancoliques de philosophe. Il est passé lentement, a brouté l'herbe. Les gardiens du troupeau, torse nu, nous ont dit de ne pas avoir peur et nous ont rassurés. On s'est promené. J'ai dégusté un très bon vin. On a joué à cache-cache. On s'est assis, l'après-midi s'est écoulée. On est rentré lorsque le soleil se couchait. Sur le chemin du retour j'ai discuté de sport avec ma tante. L'après-midi semblait pâlir tandis que le ciel devenait rutilant. Puis tout s'est éteint. Seul un nuage rouge, lumineux, est resté là devant une étoile scintillante. Puis elle s'est éteinte à son tour petit à petit et il a fait nuit. Nous avons emprunté un pont, la lune se reflétait au fond de l'eau. Le chant des grenouilles et des grillons retentissait, rythmé, mystérieux, le long des jardins et des semis. Une chauve-souris est passée, de son vol incertain. Dans la maisonnette du chemin de fer, la lumière s'est allumée. On a rendu la cruche, le chien a aboyé. On a remercié les habitants, la dame était sur le seuil avec l'enfant, qui nous regardait toujours, apeuré. Soudain un train est passé en vomissant de la fumée. Puis tout est redevenu calme et le bruit sinistre s'est perdu au loin. Le clocher égrenait les heures. Devant l'ancien collège des Fossos[223], j'ai entendu une petite cloche retentir, le son ne m'était pas inconnu. Je me souviens parfois de (...), l'employé *ingrat* de mon père. Il était toujours en retard quand il venait me chercher. Je devais attendre dans le couloir du grand pensionnat. Je me souviens qu'il y avait des grands cadres avec des estampes et des images (les *tableaux d'honneur*). M. León, un gardien type d'un atelier français, fabriquait des sabots dans sa chambre. Parfois il chantait une chanson dans un patois incompréhensible. Impatient, bien que rompu à attendre, j'allais et venais, et mes pas résonnaient dans le grand calme de la nuit. Soudain, on entendait la petite cloche tinter. Ah! s'exclamait M. León de sa chambre. Il faut aller dîner! Voyons! Sapristi! Il ne faut pas laisser la soupe se refroidir. Faudra-t-il que je le gronde pour qu'il vienne à l'heure? Je ne disais rien et j'attendais jusqu'à ce qu'il vienne me chercher. Et cette petite cloche, que j'ai entendu tinter pendant trois ans, ramène à ma mémoire toutes ces choses.

Mardi 25 mai

Ce matin, je me sentais paresseux, mais je suis allé chez Gallego[224], comme d'habitude. À deux heures, avec Reig, on a pris la route de Vilafant sous un soleil de plomb. La sueur ruisselait sur nos visages et on avait du mal à y voir clair. On a passé l'après-midi à dessiner à l'ombre des chênes-lièges, à écouter le murmure d'une fontaine et la rumeur des roseaux et de la rivière. Les jardins étaient promiscuité de lumière et de couleur... Et le ciel était serein... Là-haut les rossignols chantaient. On a bu l'eau très fraîche de la fontaine. On la sentait couler au fond de nos gorges. L'air était frais; on a passé l'après-midi ainsi. Puis on est revenu et, au coucher du soleil, je suis allé à nouveau en promenade avec elles... Le ciel était rouge. J'ai observé le coucher dans les yeux de Carme, tout humides d'émotion.

Vendredi 28 mai

Mon père est allé à Roses en voiture pour signer un testament ou je ne sais quoi. Avec Reig on en a profité. Après un court voyage, on est arrivé. On a salué Cinto et Maria[225], puis on est parti dessiner. L'air était chargé de senteurs marines. À respirer ces odeurs qui m'emplissaient la poitrine et me réjouissaient le cœur, un tas d'illusions m'ont envahi. La mer était d'un bleu intense, lumineux. Les barques s'y reflétaient et je suis resté ainsi à observer cette abondance de vie et d'âme. Quelle vitalité, quel mystère a la mer pour moi! Et comme elle m'inspire! Il faisait un soleil de plomb, nous avons grimpé jusqu'au château grec[226]. On sentait la terre vibrer. Les lézards se cachaient à notre passage. Ils se faufilaient entre les genêts et les rochers. Des murailles en ruine on dominait une immensité de bleus et de lumière. Au bas, les rochers, l'écume d'une blancheur virginale, les fonds verdâtres. À l'horizon, les montagnes de l'autre côte : Begur, les îles Mèdes, l'Escala, quasi effacés par la luminosité du ciel. Tout cela n'était qu'une mélodie de fines colorations. Les hirondelles passaient en planant, traversant les nuages. J'ai éprouvé à mon tour le désir de voler, de me lancer dans le vide. Appuyé sur le rempart en ruine, j'enviais Reig qui peignait avec une inconscience exaspérante! C'est le comble! Et moi qui doit me contenter des nuances du fusain. Il n'a pas le droit de prendre ainsi la peinture à la légère.

Le coucher de soleil était magnifique. L'eau était un miroir où se reflétait la pâleur d'un ciel agonisant et j'ai pensé aux crépuscules de Cadaqués. J'entendais le bruit lent des rames et la rumeur craintive de l'eau et du sable.

Des filles embarquaient quand on est parti. Je les ai saluées de la main, et lorsque la voiture a démarré, elles ont agité leurs mouchoirs. J'ai passé une journée fantastique.

Tous ces jours derniers je n'ai pas parlé de la question sociale, et pourtant ce ne sont pas les raisons qui me manquent. Toute l'Espagne est en proie à une agitation terrible. On peut dire que nous sommes en guerre civile. Des bombes partout, des grèves générales époustouflantes. Des manifestants qui crient dans les rues d'Ibérie : On a faim ! Du pain ! Pour nos enfants ! On meurt de faim ! Ces cris tragiques arrivent jusqu'au Palais, comme un avertissement.

Il y a eu une magnifique grève générale à Barcelone. Neuf cents personnes jetées en prison, sans autre forme de procès. L'infâme gouverneur, prenant pour prétexte la suppression des garanties, vient de causer la désolation de millions de foyers, introduisant la faim et la plus affreuse misère dans des milliers de familles de dignes travailleurs. Les prisonniers ont entamé une grève de la faim. Si c'est pour vivre derrière les barreaux sans raison, autant mourir. Le prolétariat de France, d'Italie, du Portugal, s'est uni à celui d'Espagne. Ils ont enjoint le gouvernement espagnol de libérer les prisonniers, de rouvrir les syndicats et de lever la suppression des garanties. À Valence, bombes et attentats. La population fuit et abandonne la ville où sévit une grève générale. À Madrid il n'y a plus de pain et les émeutes sont chaque jour plus nombreuses. Les paysans brûlent les champs et jettent le blé dans les rivières. À Guipúzcoa, morts et blessés. À Saragosse, grève générale. C'est partout la même chose. Le succès du lock-out et de la répression commence à donner des fruits. L'Ibérie et le monde entier menacent de s'embraser[227].

Il y a des grèves générales en Italie[228]. En Russie les rouges ont vaincu les Polonais et s'apprêtent à envahir l'Asie[229]. En Allemagne on prépare la grève générale[230]. Enfin, un chaos immense. Quant à moi, j'attends la révolution et j'ai confiance en elle. C'est l'unique solution pour en finir avec ce régime inhumain et criminel.

Il y a quelques jours, à Talavera de la Reina, Gallito est mort d'une *cornada* au ventre[231]. Le roi a présenté ses condoléances à la famille et sa mort a fait la une pendant plusieurs jours. On raconte qu'en Castille un vieux paysan s'est mis à gratter sa guitare et à chanter ces paroles à la cantonade :

C'est en mille neuf cent vingt
à Talavera de la Reina
qu'est mort l'étoile du toreo…

M. Deschanel est tombé du train. Cela vaut la peine d'être signalé (les journaux ne parlent que de ça et en font leur première page : « Le geste et le sang-froid du Président »). Je ne vois pas très bien de quel genre de sang-froid il faut faire preuve pour tomber d'un train ! Je trouve par contre qu'il en faut beaucoup plus pour mourir sur une barricade. Quand cela arrive, la nouvelle ne mérite que quelques lignes dans un coin de page : « après les événements on a trouvé les cadavres Vincent, Untel et Untel, etc. », et pour ces héros pas une ligne d'admiration. Lorsque le Président, lui, tombe du train, ou fait tomber sa canne dans telle rue : Le Président est un héros !!!!! Espèce d'ânes[232] !

Juin

Jeudi 3, vendredi 4, samedi 5 juin

Rien de nouveau, Joan est arrivé de Barcelone[233]. On est allé (...) en promenade. J'ai lu Pío Baroja[234].

Dans le monde, pareil.

Je pars cet après-midi pour Barcelone[235].

Samedi 5 juin[236]

Dès que je me suis levé, j'ai préparé toutes mes affaires pour le voyage. Le soleil tapait fort et il faisait très chaud. J'ai rédigé une lettre pour les demoiselles, que je confierai à Reig, qui dira l'avoir reçue de Barcelone[237].

Je suis allé chez Reig. J'ai dit au revoir à sa famille. Je lui ai glissé discrètement la lettre. J'ai serré la main de Joan et j'ai descendu les escaliers...

On a déjeuné, on a attendu. On a entendu deux coups frappés à la porte, nous sommes descendus, on s'est engouffré dans la « centrale[238] », quelques moments de cahots et nous sommes arrivés à la gare.

Mon père s'est mis dans la queue et nous avons attendu. Je ne trouve pas amusant de lire les enseignes et les annonces de la gare, je les connais par cœur. Nous avons attendu encore un peu sur le quai et enfin le train est arrivé. On est monté dans un wagon de troisième. La chaleur était insupportable. Le train s'est ébranlé, a roulé et l'on s'est très vite retrouvé entourés de jardins, de fermes, d'immenses champs de blé doré, jaunes de soleil. Sous leurs grands chapeaux de paille, les faucheurs entassaient les gerbes de leurs bras forts et bronzés qui sortaient de leurs chemises. Ils fauchaient, fauchaient le blé qu'ils ne pourront manger. Au passage du train ils se sont redressés sur leurs hanches endolories et se sont protégés du soleil de leurs mains rugueuses. Ils nous ont regardés passer, la sueur ruisselant sur leur poitrine.

Nous avons vu passer des gares et encore des gares. Des gares poussiéreuses, inondées de soleil, d'où sortait un employé assoupi, qui bâillait et agitait une clochette. Le train repartait.

Je ne trouvais pas de position confortable, je me suis allongé sur la banquette nerveusement. Plus tard, quand le soleil est plus bas, nous déjeunons à l'Empalme, et une fois dépassée Gérone, qui se reflète dans le fleuve, il fait moins chaud, on se sent mieux. À côté de nous des paysans, qui sont montés à Gérone, discutent de l'augmentation du prix du blé, un vol manifeste, avant on nous en donnait tant, à présent on en tire tant. Tous les autres protestent indignés, avec cette lueur de fierté dans les yeux. Pendant ce temps, un autre ajoute : les propriétaires et les commerçants sont plus riches que jamais, et nous plus pauvres. C'est nous qui travaillons et c'est nous qui payons les pots cassés. Si on était uni, on refuserait de travailler. Et si on ne leur faisait pas de farine, on verrait bien quel pain ils mangeraient ! Et le train file... file à travers champs, laissant derrière fermes, villages, poteaux électriques.

Derrière il y a des ouvriers valenciens... Je ne comprends pas ce qu'ils disent mais ils parlent beaucoup et boivent beaucoup de vin... L'un d'eux montre des documents... Et dans le fracas du train surgissent quelques paroles : grèves, salaire journalier, Russie... Et le train file, dévorant les kilomètres.

Devant nous, deux paysans gras et déjà vieux regardent les champs filer derrière la vitre sans dire un mot. Parfois l'un s'approche de l'autre et lui murmure quelque chose à l'oreille... Plus loin un voyageur lit *El Sol* et parcourt de ses yeux accoutumés aux gros titres l'invasion de la Perse par les bolcheviks.

Ainsi, après un après-midi passé dans ce wagon, nous découvrons les cheminées, la fumée et la saleté de la civilisation (?). Oui, ce sont les faubourgs de Barcelone et le train ralentit. Le ciel est très nuageux et tout est triste. Par-dessus les fameuses cheminées règne un je-ne-sais-quoi de tragique, comme l'énigme de l'oppression. Le train s'arrête et sur le quai on commence à s'embrasser : Comment ça va ? Oh ! là ! là ! ce garçon est un échalas ! Salut ! une bise, une autre, frottement de joues, bousculades de voyageurs, piétinements, fumée, bruit, lumières électriques... On sort de la gare avec Gonzalo[239], (mon cousin, si ma mémoire est bonne) ; Montserrat[240], ma cousine ; mon oncle Anselm[241], le seul connaisseur en art, Carme[242], une autre espèce de cousine. On marche à pied... Après quelques instants on discute un peu... Le brouhaha de la civilisation m'étourdit et je pense au calme d'un après-midi à Cadaqués... On descend la rue Fernando, on remonte les Ramblas. Je tombe sur un ami à moi, Gibert[243], je m'arrête quelques instants, puis je repars...

On arrive enfin au 27 Ronda de la Universitat[244]...

Chez mon oncle... On grimpe les escaliers, on frappe... La maison est d'un assez mauvais goût. La salle à manger recèle toutefois de très beaux tableaux anciens. Tout près, une galerie couverte. Je m'assois là, près d'une persienne tirée. Un petit air frais pénètre à l'intérieur, vivifiant, la lune se cache derrière les nuages. La galerie donne sur une cour intérieure et je peux voir d'ici les nombreux toits et les jardins en contrebas, entourés de maisons, dont les chambres sont éclairées, les balcons ouverts à la nuit, les lumières allumées. Mon père et les autres membres de la famille discutent dans la salle à manger. Ma sœur et ma cousine Maria Teresa[245], très laide mais très sympathique, s'assoient près de moi. Elle m'explique qui sont toutes ces silhouettes, ces minuscules visages, que l'on aperçoit dans les chambres, leurs noms... Là-haut un couple de nouveaux mariés très jeunes... Lui, on l'appelle « main rouge », il a une main toute rouge... Vous voyez, ils prennent place pour dîner... Là-bas, on ne distingue qu'un miroir, n'est-ce pas? C'est une vieille fille très élégante, elle passe son temps devant le miroir, elle se teint les cheveux une fois par semaine... Tu es bien renseignée, dis-je avec ironie... Oui, très bien, c'est une distraction, tu sais. Même sans le vouloir, on voit tout... tu peux le constater toi-même. En effet, on peut voir dans le miroir l'image d'une silhouette de femme en train de se démaquiller, elle se déshabille, elle est en chemise de nuit lorsque la lumière s'éteint... Plus loin on entend la musique d'un phonographe, la main rouge et sa jeune épouse rangent les couverts, ils se mettent à danser un fox-trot. Un autre phonographe joue « les caramelles ». Qui est cette demoiselle qui coud? ... on dirait un atelier... Oui, ce sont des couturières, et elle m'explique la vie et les miracles des couturières... Et ce gros là-bas?... et ces adolescents du deuxième[246]? Le dîner est servi… On arrive, répondons-nous en chœur… Et nous allons dîner… Mon oncle a été maire de Barcelone[247], dans le parti de Lerroux; très sympathique, le menton hautain, les cheveux déjà blancs, il raconte un tas de choses très intéressantes… Après le dîner, Maria Teresa joue du piano, le clair de lune… Je vais me coucher. Je pense à la journée que je viens de passer, las du bruit et de la civilisation, je ne tarde pas à m'endormir.

Dimanche 6 juin

Il fait très chaud, je m'habille, la fenêtre de ma chambre donne sur une cour intérieure où donnent toutes les cuisines. Les voix enrouées des bonnes montent jusqu'ici. Elles font du rangement tout en répétant les couplets à la mode qu'elles ont entendus dans le poulailler d'un théâtre, dimanche dernier.

J'arrive dans la salle à manger, je dis bonjour à mon oncle, assis en bras de chemise, il s'évente devant une tasse de café au lait fumant; puis à ma tante, qui court, donne des ordres, réprimande les bonnes; et enfin à Maria Teresa, qui traverse la salle à manger en faisant sa mise en plis à l'aide de fers à friser fumants.

Je déjeune, d'un œuf frit et d'un verre d'eau. Ma famille arrive. Je leur souhaite le bonjour et attends que mon père déjeune. Je m'amuse avec le chat, un chat noir, déjà vieux, qui fait partie de la famille et qui s'appelle Crispín. Une fois le déjeuner de mon père terminé, nous sortons, à nouveau dans le bruit et le stress. Nous prenons le tramway et nous arrêtons devant le palais des Beaux-Arts. Nous prenons les entrées, on achète le catalogue, et nous entrons[248]. Nous commençons par la salle de la Reine régente où sont exposées de bonnes toiles, intéressantes, de la collection Gil[249], des peintures anciennes, des retables primitifs naïfs, aux couleurs fines. Le tableau le plus fort et le plus consistant de la salle est un portrait de Don Álvaro de Bazán du Titien[250]. Il est fait d'une main sûre, précise et admirable; un peu de rose exquis sur le visage, mais dans l'ensemble il est noir, et de couleur foncée. Il a dû perdre beaucoup. Il y a un Saint Laurent de l'école de Ribera[251] très moyen, une toile de Velázquez[252] très mauvaise, de facture pauvre, très éteinte, pour ce que j'ai pu en voir, je pense qu'elle doit être de la première période, celle des « Ivrognes », ou peut-être antérieure. Un Christ de Van Dyck[253], beau de facture et de lumière, très juste de tons, mais dépourvu de toute émotion. Une toile de grande taille signée Antolínez[254], très belle, mais vraiment très belle, avec un je-ne-sais-quoi du Greco dans les nuages et dans le mouvement; elle est en outre d'une grande vision décorative, très fine en tonalités. Un très beau paysage avec moutons et bergers de Murillo[255], un Van Eyck[256], et beaucoup d'autres toiles intéressantes, mais toutes noires, obscures, dépourvues de lumière, de soleil... Tous ces tableaux ont été conçus dans l'ombre et exécutés dans l'obscurité. Oui, bien sûr, cela ne manque pas de mérite, c'est le travail des siècles. C'est intéressant, c'est beau, mais il manque un je-ne-sais-quoi de clarté, d'air; on ne respire pas à son aise dans cette salle; je les trouve tous beaux mais je sens un poids sur mes yeux... Je ne sais pas! Ils sont peut-être peu humains, ou peut-être trop. Ce qui est sûr c'est que je respire enfin en passant dans la salle voisine. Je ressens une joie étrange à promener mon regard sur les cartons et les toiles des écoles modernes.

Les couleurs sont plus claires, l'atmosphère plus transparente, la technique plus simple, l'émotion plus sensuelle... Les joueurs de cartes de Domingo sont extraordinaires. Ici, pas d'harmonie ni de tons suaves. Au contraire, les couleurs semblent crier, intenses et simples à la fois. C'est un grand tableau, très fort, tout y est en parfait équilibre. Un coin d'hôtel avec une table, trois hommes rigides jouant aux cartes, le type même de joueurs que l'on peut voir dans les hôtels ordinaires, vulgaires, mais pittoresques. Le mérite de Domingo est d'avoir inventé une nouvelle peinture (non un nouveau concept) dans laquelle on peut dire qu'il n'existe pas de gradation de tons, car ses personnages se meuvent dans une atmosphère bien à lui, une atmosphère nette, claire... Ses œuvres soulèveront des discutions naturellement, mais on voit une intention, une volonté, et surtout un tempérament artistique personnel[257].

Quelques œuvres de Iu Pascual[258] émergent au milieu d'un tas de cochonneries indécentes, par la justesse de la couleur, la simplicité de la technique. On sait qu'il aime bien Sisley. Celles-ci ont plus d'intérêt que les amas d'immondices qu'il aime tant peindre. On trouve aussi quelques notes lumineuses chez Colom[259], très acceptables. Nous traversons d'autres salles, et encore d'autres salles, toutes pleines de riens[260], oui, de riens, puisque ce qui est exposé n'arrive pas à être quelque chose. Ils sont peut-être le fruit de nombreux maux de tête et de longues heures d'études, alors cela force le respect, un moment. Je pense en effet à toutes les fois où j'ai beaucoup transpiré pour n'arriver à rien. Mais on réagit, on finit par s'indigner, en considérant les œuvres froidement, et non pas sous l'angle de la bonne ou de la mauvaise volonté, ou du travail fourni; mais sous l'angle artistique[261].

D'autres salles, encore d'autres salles. Enfin une qui est un refuge spirituel, un lieu où l'on peut rester des heures et des heures, celle où est exposée la peinture de Mir[262], monsieur Mir… Eaux dormantes aux transparences diaboliques, arbres dorés, ciels rutilants aux couleurs d'insomnie… Mais tout ceci, eaux mortes, couchers d'or, jardins ombragés, c'est couleur, couleur, couleur ! Une exagération de la couleur, un amour des nuances chromatiques infinies. C'est s'enivrer, se saouler de couleur et de lumière, de la poussière dorée qui flotte dans l'atmosphère des couchers d'étés caniculaires, entre les rochers de mille couleurs d'un eucalyptus, et son œuvre est tout un poème… Oui, là, dans l'obscurité de cette végétation, entre ces violets, on entend une source qui chante… L'air berce les branches, et ces couleurs ne sont pas un rêve, ni la fantaisie d'un cerveau halluciné, c'est une réalité vivante et elles parviennent à être naturelles, immensément naturelles, émouvantes… Les heures défilent, je ne m'en lasse pas. Je ne m'en lasse jamais, je promets de revenir. Quant à la technique, elle réside dans un coup de pinceau très vigoureux, courageux, ferme, parfois tremblé dans les pluies de lumière, traitant chaque chose de manière différente, comme chez Manet. Bien que la couleur, au fond, sous-entende tout, la construction, la forme… La couleur elle-même se charge, avec ses gammes immensément délicates, de construire et de donner forme aux choses, toujours vues derrière une atmosphère lumineuse et brillante… C'est tout. Et c'est à contrecœur que je quitte cette salle pleine de réconfort et de suprême bonheur… Mais je reviendrai, j'en suis sûr !

Je suis devant Canals[263]. Une peinture grise, tout à fait opposée à celle de Mir. Mais il est ferme et juste dans le dessin, délicat dans les colorations pâles, c'est un tempérament, un espoir, parmi ce qu'il y a de meilleur dans l'exposition. Mir est un génie de la couleur et de la lumière. On peut le mettre à côté des grands impressionnistes français dont il est le fervent disciple.

Mercredi 9 juin

Le ciel est couvert de nuages. J'ai passé la matinée à rédiger mes « impressions ». Lloyd George prône la reconnaissance de la Russie. Il dit que seul le rétablissement du commerce avec les soviets peut sauver la situation économique de l'Europe... On finira donc par voir l'indigne et misérable Russie donner à manger aux très dignes gouvernements des pays bourgeois[264] !

La paix avec les rouges devrait être signée très bientôt, c'est sûr. Les conversations entre les ministres anglais et le camarade Krassine[265], délégué bolchevik, sont sur la bonne voie, tandis que l'armée de Trotski envahit l'Asie...

La Russie a triomphé de ses ennemis. La révolution hisse le drapeau sanglant et le monde atterré l'observe, et commence à l'admirer. Vive le communisme ! Vive la Russie ! L'agitation révolutionnaire augmente dans le monde ! C'est bon, on ne tardera pas à voir humiliée la stupide et inhumaine ploutocratie des régimes capitalistes !

Quand nous déjeunions, le ciel s'est couvert de gros nuages noirs, une clarté d'eau a tout illuminé. Un vent trouble et humide annonçait le prochain orage. Un éclair a blessé la noirceur du ciel et le tonnerre s'est mis à résonner en faisant vaciller les maisons. De grosses gouttes sont tombées. Un orage immense a inondé les rues de grandes flaques, où l'on pouvait voir les gouttes tomber avec monotonie... Il a plu, il a plu beaucoup, tout l'après-midi, je ne suis pas allé avec Gallego, je suis resté dessiner, beaucoup, des ébauches de tableaux, des projets que je reprendrai à Cadaqués. Oh ! Cadaqués... Je dessine Cadaqués avec amour... Je me perds dans le calme de ses crépuscules et je rêve... Je dîne... Je vais me coucher. Le ciel est étoilé, très étoilé... Je repense à Cadaqués.

Jeudi 10, vendredi 11, samedi 12 juin

Tous les jours il pleut après le déjeuner. Je viens de fonder un club *athlétique* avec Antònio. Chaque matin à huit heures on se rend à la place du Grain[266]. Puis on rejoint un terrain proche du Manol[267]. On fait les Indiens, les sauvages, comme des idiots. On joue au foot, on saute, on se bat à coups de poing, on grimpe aux arbres, etc., etc. Puis on revient au trot à travers champs, en nage sous un soleil de plomb... Quand j'arrive à la maison, j'ai très soif, je m'abreuve d'eau et je suis content de me reposer... Après le déjeuner, quand quatre heures sonnent, je vais chez Gallego. Sur le chemin je discute avec l'ami Sala, qui écrit au tribunal. On échange des impressions, nous parlons d'elles. Elles sont indignées, car depuis mon retour de Barcelone je n'ai pas donné signe de vie... Carme veut me parler... Je ne donne pas suite. Je vais chez Xirau. Nous discutons et nous promenons dans le calme jardin, jusqu'à ce que nous sentions tomber quelques gouttes ou une ondée terrible. J'adore sortir en promenade avec ma tante. Elle est très intelligente et on est très complice... On plaisante. Je caresse une guenon, et nous prenons plaisir à la voir sourire, satisfaite... Avec Joan nous allons au « banc du général[268] ». Après la pluie, l'Empourdan a des couleurs splendides, on dirait un immense jardin. Nous parlons toujours de la même chose, de Cadaqués, jusqu'au soir. L'étoile de Vénus, suspendue dans l'air, cligne de l'œil. C'est ainsi que l'on arrive au dimanche... J'allais oublier : je suis allé au théâtre, vendredi après dîner, voir la pièce *Le Charme de la gloire* d'Iglésias[269]. La compagnie était très bien, l'œuvre couci-couça... Pendant les entractes on a discuté d'art avec Antònio. On est rentré à deux heures du matin. Le chant du premier coq résonnait dans quelque basse-cour.

Dimanche 13 juin

J'ai passé la journée à rester indécis et à ne pas savoir quoi faire. Le soir, à l'heure du crépuscule, j'avais rendez-vous avec elles. Nous avions décidé ça hier. Mais on est abonné au théâtre, on y joue *Notre langue* d'Iglésias[270]. On a pensé qu'on allait sortir tard et qu'elles auraient raison d'être fâchées contre nous. À la fin on a décidé d'aller au théâtre, à la première représentation, avec Joan. Mes parents sont allés à un banquet en l'honneur d'Ignasi[271]. Tout s'est passé comme prévu, Joan est venu me chercher à trois heures pour aller au théâtre. La pièce était très patriotique et le public a été très touché. Toutefois, ça ne cassait rien, loin de là... À la sortie j'ai demandé à Estela si ça lui avait plu, elle a dit que oui beaucoup... Elle était enthousiasmée !

Joan est parti, mais on devait se retrouver au foot... Au stade il y avait foule mais le match était rasant. Soudain j'ai aperçu les filles, que je n'avais pas vues depuis si longtemps. Je me suis approché... Elles m'ont souri. Je suis allé chercher des chaises et me suis assis... Dans ma lettre, je vous avais priées d'excuser mon absence, et j'avais terminé par : je vous en prie, c'est le seul égoïsme qui me reste. Ainsi j'avais donné un ton tragique, que l'on pouvait interpréter de différentes façons, pour excuser ce qui n'était que paresse et envie de ne pas bouger. Elles ont répondu qu'elles ne parleraient pas de ça. Je les ai remerciées avec un sourire amer. Mais dès qu'elles en ont eu l'occasion, elles ont fait allusion à mon absence, faisant semblant de le regretter juste après. Moi, je faisais semblant d'être soucieux et je ne disais presque rien. Le match de foot terminé, nous avons retrouvé Sala et nous sommes allés marcher vers la Nouvelle Promenade.

Les rossignols chantaient dans les branches. Au loin des nuages gris plomb se rapprochaient. Sala parlait avec elles. Je suis resté absorbé dans mes pensées. Je ne disais mot et leur faisais répéter tout ce qu'elles me demandaient, comme si je ne leur prêtais pas attention. Puis on est allé sur la Rambla et on s'est assis sous les immenses platanes... Comme l'ami Dalí a l'air de s'ennuyer ! s'est exclamée Carme. Comment veux-tu que je m'ennuie en ta compagnie, mais elle n'a pas répondu.

Écoute, raconte-moi des choses de ton enfance, a-t-elle dit peu après. J'ai répondu que je ne m'en souvenais guère. Alors c'est elle qui m'a raconté la sienne. Lorsqu'elle était petite, elle allait à Cadaqués. Elle a dit qu'elle se souvenait de moi quand j'étais petit, et que je jouais sur la plage avec ma sœur. Elle m'a raconté beaucoup de choses. On est parti. Mlle Carré s'en est allée. J'ai accompagné Carme chez elle. Une averse est tombée. J'ai tenu mon chapeau de paille au-dessus de sa tête comme un parapluie. Elle a ri de la trouvaille. Emília et Estela étaient à la porte de la boucherie, on s'est salué en riant. On s'est séparé au coin de la rue et elle s'est enfuie en courant jusqu'à sa rampe d'escalier. Je suis rentré. À la maison j'ai feuilleté les journaux. La révolution russe est chaque jour plus sublime. Les Polonais sont en fuite, démoralisés. Le général

Brusilov[272] pense pouvoir atteindre Varsovie. Entre-temps les rouges ont envahi la Perse et des soulèvements communistes ont éclaté dans toute l'Asie. Lloyd George a peur de perdre l'Inde et toutes les colonies d'Orient. Il se dépêche de négocier avec Krassine. D'autre part, les troupes des nationalistes turcs avancent sur Constantinople et leur chef Mustafa Kemal[273] semble s'être allié avec le gouvernement de Moscou. L'Irlande poursuit sa guerre contre l'Angleterre. Ici, en Espagne, je crois que nous avons Dato au « pouvoir ». La suspension des libertés individuelles reste en vigueur. On a encore changé le gouverneur de Barcelone[274]. Grèves, attentats, émigration, dans toutes les provinces. Le roi continue d'aller à la chasse et de prendre part aux régates, pour ne pas changer… Que pouvons-nous y faire ?

Lundi 14 juin

Chez Gallego. Il a plu, puis ça s'est éclairci. Je suis allé à la Nouvelle Promenade où je les ai retrouvées, on a discuté. Nous avons été à la Fontaine Trouvée[275]. Apercevant ma mère, ma tante, ma sœur, « panique », elles se sont enfuies, Sala à leur trousse. Je leur ai dit de ne pas partir, mais elles ne m'ont pas écouté. Puis je les ai suivies, mais ma famille essayait de me rattraper. Je me suis arrêté pour les attendre. Ils avaient l'air indigné et m'ont demandé pourquoi elles fuyaient. J'ai répondu que je ne savais pas. Ils m'ont dit de tenir mes distances, que ce n'étaient que des simplettes, et qu'elles rôdaient seules toute la journée, comme des planètes erratiques, qu'elles me suivaient et étaient bien capables de se jeter à ma tête. Crois-moi, mon petit, ne te laisse pas embobiner, de plus malins que toi sont tombés dans le piège. Qu'elles me suivent, c'est évident. Ce que je crois, moi, c'est qu'elle recherche ma présence pour « s'étourdir », par désir d'aimer, mais sans l'intention de me compromettre.

Le soir a fini par tomber. Le ciel était rouge du côté du ponant. Nous avons marché lentement et nous avions déjà oublié ce qui venait de se passer.

Mardi 15, mercredi 16, jeudi 17,
vendredi 18, samedi 19 juin

Tout ces jours derniers, je n'ai fait que penser à Cadaqués. Chaque jour j'ai consulté le calendrier avec délectation, comptant les jours qui me séparent du grand départ. J'ai préparé tout mon matériel de peinture et j'ai contemplé, le regard brillant, ces boîtes rangées dans l'armoire ; les tubes étincelants de chez Teixidor, dans lesquels je mets tant d'espérance...

Je suis allé en promenade avec ma tante à Vilabertran. Nous nous sommes enivrés des lumières du couchant, des rumeurs du crépuscule, de la brillance des étoiles. L'autre jour, avec Reig et Joan, j'ai vu le coucher de soleil le plus lumineux et le plus beau de ma vie. Je suis sorti de chez Gallego. Il faisait un après-midi doux et tiède. Mes amis et moi sommes allés nous asseoir sur le « banc du général ». On a contemplé l'Empourdan illuminé, et les clartés lilas du crépuscule. C'était une mélodie de lumière et de couleurs... Regarde ce mauve ! As-tu remarqué cette frange outremer ! Oh, c'est magnifique ! Regarde derrière cette colline que le soleil dore ! Regarde ces maisons rouges ! C'est Peralada. On dirait que le village va s'embraser... Ah non ! s'est exclamé un autre, ce qui est splendide ce sont ces montagnes rosées là-bas, au fond. Et le ciel?

Regarde ce nuage jaune, on dirait un oiseau ! Et nos yeux errants suivaient toute cette gamme de couleurs, cette pluie de lumière et d'émotion… et un grillon chantait entre les agaves et les peignes-à-loup violets.

Nous avons été invités par Peixera[276] à la répétition d'un concert donné au Sport[277], en petit comité. Après le dîner, et après avoir pris les précautions nécessaires pour que ma sœur n'en sache rien, car elle aurait sûrement voulu venir, j'ai pris le chemin de chez Peixera. On l'a salué, ainsi que son épouse. Nous avons parlé d'art. Sont entrés Costa, les deux Bonaterra[278], les Guanas[279], avec les Guatxindango[280], les jeunes filles qui participaient au concert[281], et d'autres personnes. On a fait les présentations et les salutations d'usage. Avec Puig[282] on a regardé des photos de tableaux de Sunyer[283]. Mon père s'en est moqué et ses railleries ont fait rire Peixera, qui m'a fait toutefois des clins d'œil d'un air moqueur lui aussi. Costa retenait sa bedaine de ses deux mains de peur qu'elle n'éclate. Bonaterra aussi riait.

On est monté jusqu'à l'espèce de cour où Peixera entrepose ses reliques artistiques, acquises avec beaucoup d'argent et de patience. J'ai fait remarquer à ma tante ses qualités et je lui ai montré tout ce dont je lui avais souvent parlé. J'ai découvert de nombreux détails que je n'avais pas même soupçonnés. Le concert débute[284]. C'est le divin Mozart. J'ai devant moi une toile de Zubiaurre[285]. Je commence à être distrait par la technique picturale, la couleur, et j'observe le plafond, puis je pose mes mains sur mes yeux… je m'enivre… Le « trio » piano-violon-violoncelle joue avec régularité, le piano seul, très bien… Elles jouent en fait dans une pièce voisine et cette musique parvient jusqu'à nous, suite d'émotions qui emplissent mon âme d'un doux bien-être… Les heures s'écoulent ainsi. À chaque pause

Peixera nous fait découvrir de nouveaux secrets, de nouvelles joies artistiques, qui sont commentés par chacun de nous, et aussi par Costa... Puis, musique à nouveau, rêve, poésie... Ce n'est pas que leur interprétation soit excellente, loin de là, mais pour moi, qui écoute si peu de musique, c'est un authentique événement. La nuit passe ainsi avec un grand bonheur. Lorsque je me couche, un mélange de musique et de tableaux trouble mon esprit. Au clocher, trois coups résonnent...

Le lendemain, je suis retourné écouter le concert et je me suis enivré encore plus. La deuxième fois, on est beaucoup plus réceptif. La musique doit être comme la peinture, plus on l'écoute, plus elle est agréable... On est encore sorti très tard.

Octobre

[Après l'été] [286]

Les jours sont passés, tous identiques, je ne pense qu'à Cadaqués... Je n'ai même pas écrit mes « impressions »... me voilà de nouveau à Figueres, les feuilles tombent, la Manciana vend ses châtaignes, je revois mes amies et mes amis de toujours. Tout est passé, l'été, la joie, l'art aussi ! À nouveau l'hiver sur les épaules, le lycée, les professeurs, les frayeurs. Mais il faut rire de tout. L'hiver peut être amusant, aussi. Il suffit de le passer du mieux possible, en lisant souvent Voltaire !

C'est l'automne, tout est mélancolique, j'écris mes « impressions » de l'été qui sont nombreuses. Beaucoup d'entre elles resteront pour toujours dans mon cœur. Je vais m'enivrer au seul souvenir de l'ombre de la petite cité, des heures de lumière et d'ivresse bleue passées près du chant éternel de la Méditerranée. Dieux, aidez-moi !

Le jour heureux est arrivé, un jour bleu, tout était prêt, nous sommes partis. Je revois la mer. Que de choses la mer me raconte ! Je parcours les rues, que je connais par cœur, les criques où l'on entend chanter les vagues. Tout est comme chaque année, toujours aussi beau. Un imbécile bourré de fric a encore fait construire une maison de mauvais goût en plein village, ça me révolte, c'est indigne de massacrer ainsi un village aussi exquis...

Dans ce village aux maisons blanches et aux jours sereins, je vais consacrer toutes mes facultés à l'art, à la peinture et je vais vivre comme un fou, peignant et apprenant sans cesse, m'extasiant devant la nature qui elle aussi est de l'art, observant le soleil se coucher sur le sable humide de la plage, m'enivrant de poésie dans les beaux et longs crépuscules, à moitié endormi dans le doux monde des vagues verdâtres, les étoiles se reflétant dans l'eau calme, les nuits pâles de pleine lune, les yeux magnifiques de la femme, brillant d'une étincelle, d'amour peut-être, se baignant dans les eaux vertes d'une crique... quelle jouissance, quelle vie!

Le village[287]

Cadaqués est un village aux maisons blanches, près de la mer, au bord de l'eau. Les rues sont étroites, presque toutes pavées, montant ou descendant, sinueuses comme des serpents. En surplomb, l'église. Une église baroque, d'un baroque magnifique. L'autel, baroque aussi, est tout doré, peuplé d'anges aux ventres et aux fesses proéminents, de saints, (...), d'oiseaux, de colonnes, le tout formant un ensemble décoratif, chargé, pesant, mais beau... Dans les nefs latérales, des autels consacrés aux saints, baroques aussi, quelques toiles foncées où l'on devine des contours et des silhouettes vagues, dans leurs cadres d'or ouvré qui brillent à la lumière d'une lampe. Il y a l'orgue, un grand orgue, avec ses longs tubes pensifs. Sous l'orgue, une tête de géant suspendu par les cheveux, bouche ouverte. Cette tête m'avait perturbé quand j'étais petit et je me rappelle l'avoir regardée avec effroi.

Au-dehors, une terrasse, d'où l'on domine une grande partie de Cadaqués, et la mer qui s'étend jusqu'à l'horizon. Au Moyen Âge Cadaqués était une forteresse qui s'avançait au beau milieu de la baie où se trouve aujourd'hui le village. Il reste encore quelques gravures anciennes de cette forteresse. Puis, peu à peu, on a construit des maisons, qui ont fini par former un quartier de pêcheurs, et le village s'est agrandi ainsi. Il est devenu un jour le plus riche de la côte grâce aux vignes qui ont une production extraordinaire, que des navires viennent chercher de France. Mon père, qui est un enfant de Cadaqués, est né dans une maison blanche près de l'église. Il se souvient de tout cela[288]. Il m'a dit qu'on chargeait la vendange sur des mules harnachées de clochettes et de glands multicolores. Avec ses camarades, après la classe, il allait les attendre sur la route pour essayer de chiper une de ces houppes colorées ou une clochette au tintement joyeux.

Mais un jour le phylloxéra est arrivé et les vignes sont mortes[289]. Le village est resté dans la misère, les habitants se sont tournés à nouveau vers la mer, certains vers la pêche, d'autres ont entrepris la traversée vers l'Amérique, vers l'inconnu. Nombre d'entre eux n'ont rien fait, et sont restés assis toute la journée au bord de l'eau ou sur le seuil de leur porte. Les montagnes sont restées arides, sèches, sans une seule tache de verdure. Seuls ici et là on voyait quelques oliviers aux feuilles argentées et tremblantes, et dans le village régnait un calme froid et un silence de mort. Les années ont passé, certains sont revenus riches d'Amérique et ont fait bâtir des maisons de mauvais goût, ressemblant à des pâtisseries; d'autres sont revenus comme ils étaient partis; et beaucoup ne sont jamais rentrés. Le village a commencé à oublier son malheur, mais il est resté sans ressources, pour toujours, me semble-t-il, et les habitants, ventre au soleil, mangent ce qu'ils peuvent ou ne mangent pas. Ils ne sortent pas pêcher lorsque le temps se fait menaçant. Les maisons croulent sous le poids des ans et ne sont pas réparées, et les barques dorment sur le sable et pourrissent lentement au son doux des vagues vertes. L'ancienne forteresse a été convertie en maisons, toutes blanches, d'un blanc bleuâtre, dont l'une d'elles est la mairie... Ces maisons sont construites sur les rochers noirâtres, des rochers que la mer jadis venait toucher. On construit actuellement un passage pour ne pas avoir à passer par les rues étroites qui se trouvent derrière, mais le village a beaucoup perdu de sa beauté passée. Les groupes de maisons ont gardé encore un peu de leur configuration ancienne. On appelle ce quartier le « Baluart ». Le Baluart est un des plus beaux coins de Cadaqués[290].

Cadaqués est avant tout très pittoresque, très lumineux, très calme.

Cadaqués possède aussi des maisons originales. À Cadaqués il n'y a que deux fontaines en tout et les gens qui n'ont pas de citerne vont à la fontaine avec un *doll*, qui est une espèce de cruche verte, vernissée, que les femmes portent sur la tête avec beaucoup de grâce.

La Patacada

Jadis on chantait et dansait les « patacades ». Les patacades sont une espèce de sardane très rudimentaire que dansent les vieilles du village en se tenant la

La famille Dalí sur la plage de Es LLaner, à Cadaqués, c. 1919
(de gauche à droite : la bonne, la mère et le père de l'artiste, Salvador, la tante Catalina, Anna Maria et la grand-mère de l'artiste)

Salvador Dalí (assis en bas à gauche)
avec ses amis de l'Académie des beaux-arts de San Fernando, à Madrid

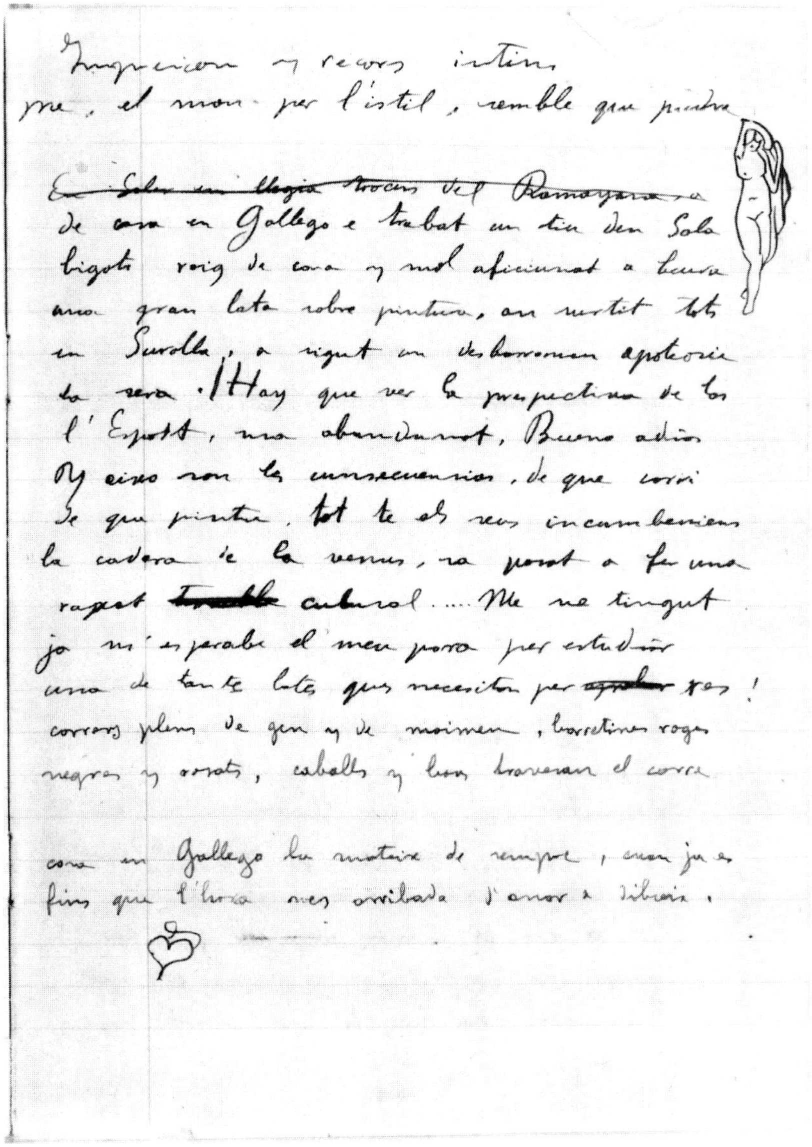

Impresions y recors intims
gue, el mon per l'estil, semble que pinta

~~En Salvador elegia~~ trocens del ~~Ramayana~~
de casa en Gallego e trobat un tio den Sola
bigoti roig de casa y mol aficionat a beure
una gran lata sobre pintura, an sortit tots
en Sorolla, a seguit un desbarrament apoteosic
la sera. ¡Hay que ver la perspectiva de los
l'Esprit, una abundancia, Bueno adiós
Y eixo son les consecuencias, de que corri
de que pinta, tot te els seus inconvenients
la cadera de la venus, sa posat a fer una
rapat ~~[illegible]~~ cabriol ..... Me ne tingut
jo m'esperaba el meu porro per estudiar
una de tantes lates que necesiten per ~~[illegible]~~ res!
carrers plens de gent y de moviment, barretines roges
negres y rosats, caballs y bous travesan el carrer

casa en Gallego hu mostaixe de sempre, quan ja es
fins que l'hora nes arribada d'anar a dibuixar.

Onzième cahier, 13 octobre 1920 (fragment)

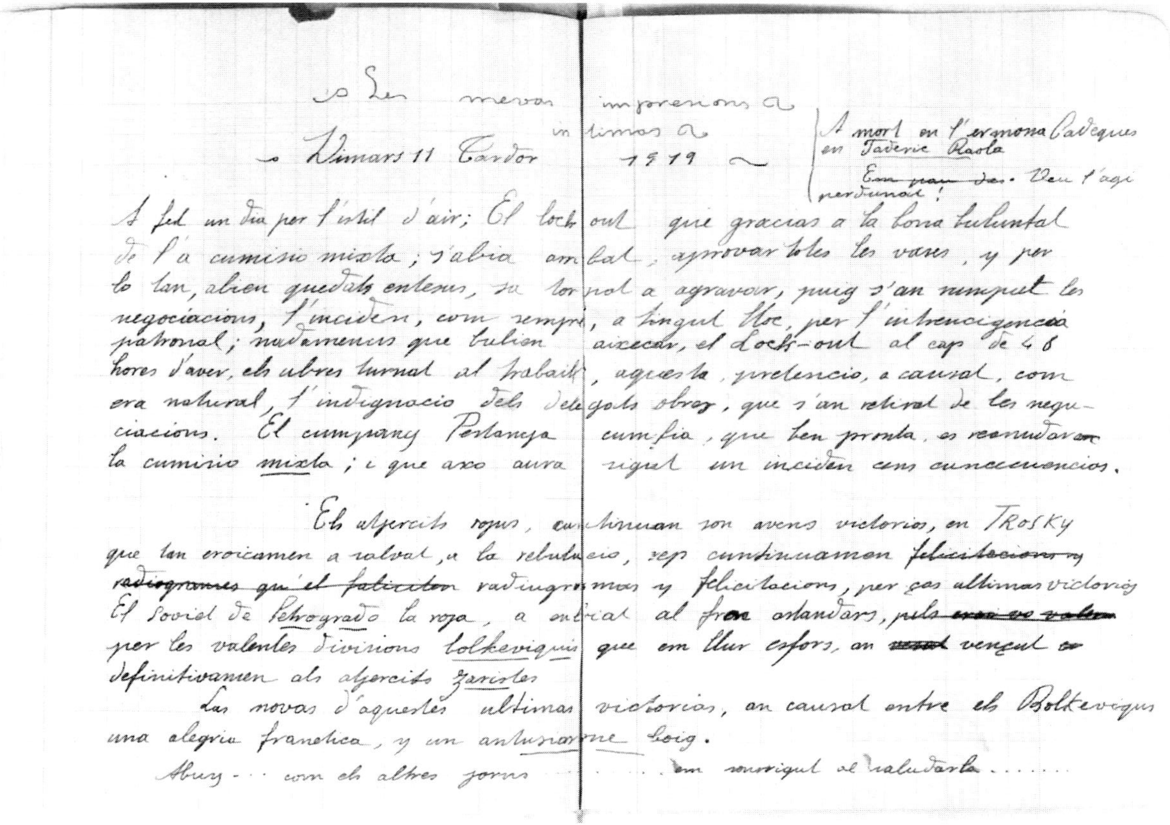
Les meves impresions a intimas a

Dimars 11 Tardor 1919

A mort en l'ermona Cadaques en Taderic Raola
~~Em fan da~~. Deu l'agi perdunat!

A fed un dia per l'istil d'air; El lock-out que gracias a la bona bulumtal de l'a cumisio mixta; s'abia arribat, aprovar toles les vares, y per lo tan, alien quedats entesus, sa tornat a agravar, puig s'an rumput les negociacions, l'inciden, com sempre, a tingut lloc, per l'intrencigencia patronal; nadamenus que bulien aixecar, el Lock-out al cap de 48 hores d'aver, els ubres turnat al trabaill, aquesta, pretencio, a causat, com era natural, l'indignacio dels delegats obrers, que s'an retirat de les negu-ciacions. El cumpany Pestanya cumfia, que ben pronta, es reanudara ~~n~~ la cumisio mixta; i que axo aura sigut un inciden sens cunceccuencios.

Els ejercits rojus, cuntinuan son avens victorios, en TROSKY que tan eroicamen a salvat, a la rebulucio, rep cuntinuamen ~~felicitacions y radiogrames qu'el faticitan~~ radiugramas y felicitacions, per ~~ç~~as ultimas victorias El Soviet de Petrogrado la roja, a enbiat al fron olandars, pels ~~aven ze valen~~ per les valentes Divisions bolkeviquis que em llur esfors, an ~~vencut~~ vencut ~~a~~ definitivamen als ejercits Zaristes.

Las novas d'aquestes ultimas victorias, an causat entre els Bolkeviquis una alegria franetica, y un antusiarme boig.

Abuy... com els altres jorns ...... em somrigut al saludarla......

Deuxième cahier, 11 novembre 1919 © Fondation Gala-Salvador Dalí

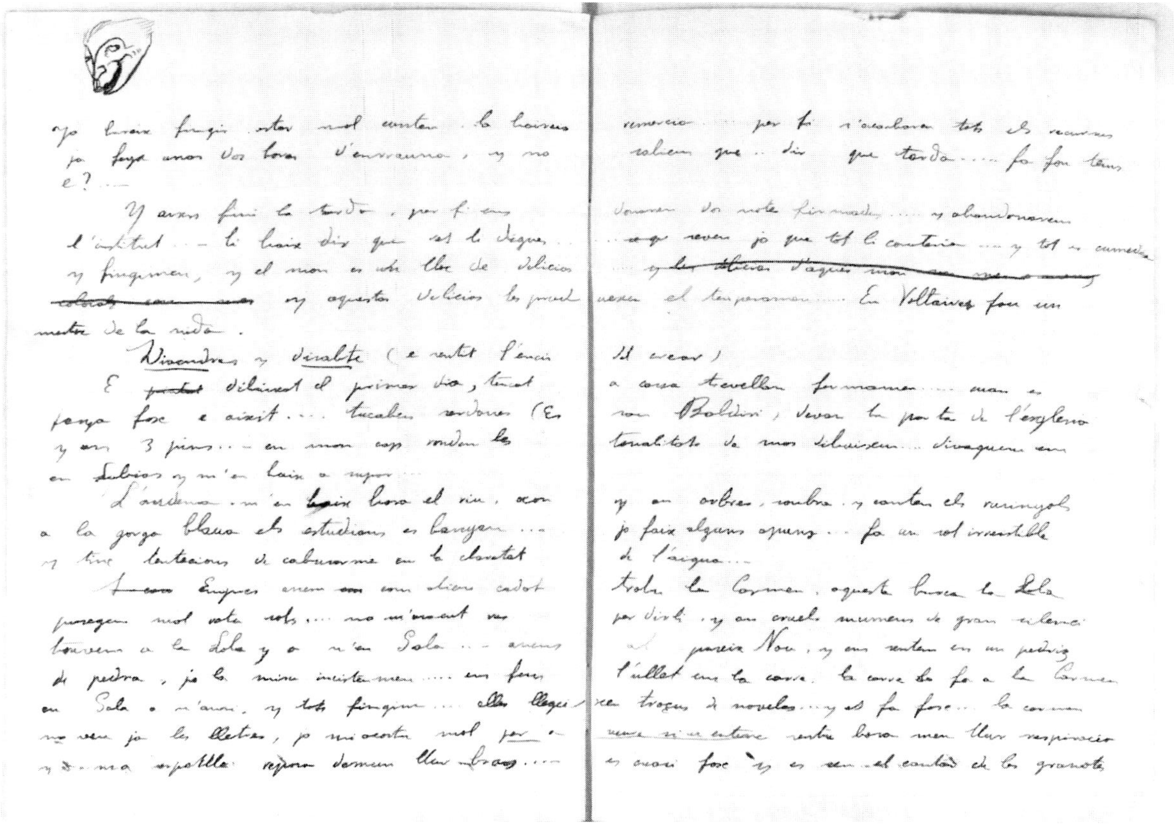

Neuvième cahier, 21 et 22 mai 1920 © Fondation Gala-Salvador Dalí

Salvador Dalí avec son oncle Anselm Domènech, en 1925
devant *Arlequín con botella de ron (Pierrot tocando la guitarra, Pintura cubista)*
La photographie est dédicacée par Dalí à Federico García Lorca

main, quand la nuit est noire, autour d'un feu. Elles tournent vite et elles chantent[291]. Leurs chansons sont toujours des satires contre la majordome, contre les villages voisins, contre les habitants riches. L'une d'elles fait allusion aux disputes de mon grand-père, qui était le *senyor Doctor*[292], et de son épouse. Personne n'est épargné. Il y en a de très belles.

Le médecin est arrivé
beau et bien planté
à force de le regarder
je m'en suis enamouré
Vois, qui le dirait
je m'en suis enamouré
et personne ne le sait.

Le pinceau de Cruanyes
est un pinceau très fin
il fait courir les filles de Roses
par l'aile du Pani
Binendourète
par l'aile du Pani
Binendouri[293].

Les Pleureuses

Quand quelqu'un meurt, la famille a l'habitude de louer les services d'une douzaine de femmes, qui suivent le mort, à grands pleurs et cris de désespoir. Une chose tragique et grotesque.

Le « Mal »

Le « Mal » est une sorte d'attaque dont souffrent les femmes du village à la mort de quelqu'un. Elles se jettent par terre prises de grandes convulsions, c'est le « mal ». Elles ont toujours eu une réputation d'hystériques. C'est dans cette hystérie seule qu'elles ont pressenti notre époque, dans cette maladie qui est très à la mode.

Notre maison de Cadaqués

Sur une plage éloignée du village, au bord de la mer, il y a une maison blanche. Fenêtres et balcons sont peints en vert, et dans la salle à manger les poutres sont bleues comme la mer. En ce lieu règne une grande quiétude. Plus tard, lorsque le ciel pâlit et devient nacré, lorsque l'eau est calme, et que pointent les premières étoiles, un grand calme s'installe. Seuls le chant d'un grillon et des buissons dans le torrent et la rumeur rythmée des rames d'un canoë troublent l'air tiède des longs crépuscules d'été.

Cette maison blanche, dans un lieu isolé, près de l'eau, est notre maison de Cadaqués[294].

L'atelier

Il n'y a pas de place dans la maison pour mon atelier. Je suis allé le chercher dans le village, pas très loin de la maison. C'est une grande pièce, blanchie, dans la partie supérieure d'une misérable maison de pêcheur[295]. Lorsque j'y suis entré pour la première fois, il était plein de (...), de gréements, de pots d'anchois, de chaises empilées, de tonneaux de vin, d'un tas de linge. Le plafond menaçait de tomber. À travers les canisses on apercevait par endroits le ciel bleu. C'était très pittoresque, mais très sale et un peu dangereux. Une fois la pièce débarrassée, j'ai pu m'installer et observer les choses plus en détail. Devant s'ouvrait un balcon d'où l'on voyait la mer et le ciel, un ciel très bleu et serein. Les barques passaient toutes voiles gonflées de soleil, et les hirondelles et les oiseaux volaient en poussant des cris perçants, de joie. Du côté opposé, une fenêtre d'où l'on voyait la montagne de Paní, et, au premier plan, des jardins avec des amandiers. Dans un mur il y avait un autel baroque, blanchi, où j'ai déposé une cruche pleine de romarin et de peignes-à-loup. J'ai rangé les livres dans une armoire vermoulue : quelques Baroja, quelques Rubén Darío[296], un Erça de Queiróç, et un volume de Kant, que je n'ai pas ouvert de l'été. De plus, j'avais pris toute la collection Gowans[297] et d'autres livres avec des reproductions. Sur une table, un pot avec les pinceaux, la boîte de couleurs, du papier, un encrier, des crayons, un marteau pour réparer les chaises et les châssis, des rouleaux de papier Ingres et de la toile. Le grand chevalet au milieu de la pièce et le petit suspendu à un clou. Et puis, et puis, je me suis frotté les mains de satisfaction et j'ai contemplé, attendri, cet atelier que je ne connaissais presque pas et que je commençais déjà à aimer. Depuis le balcon, sur lequel il y avait quelques pots de chambre et des casseroles avec du persil et d'autres plantes, on voyait une terrasse qui donnait sur les rochers qui, eux-mêmes, s'avançaient sur la mer. Sur la terrasse il y avait des géraniums incendiés de couleurs, des plants de tomates, des courges et un figuier, des poules et des lapins qui couraient en liberté. Plus près, une tonnelle qui servait d'abri à une table en pierre. Cette tonnelle arrivait jusqu'à mon balcon et me montrait ses feuilles larges, robustes et vertes...

Le temps a passé, les murs blancs se sont couverts de toiles et encore d'autres toiles... Là, j'ai passé des après-midi tièdes, calmes, lumineux, à peindre jusqu'à la nuit tombée, jusqu'à ce que les étoiles apparaissent. C'est alors que l'on entend avec plus de précision le bruit des vagues et du sable. Le ciel devenait précieux et derrière les buissons de la montagne se faisait timidement entendre le premier chant d'un grillon, et les vers luisants ressemblaient à des étoiles vertes. Plus tard, la lune sortait en toute tranquillité. On percevait aussi le bruit calme des rames, et peut-être aussi le bruit tranquille d'un baiser.

Ramon Pichot[298] a peint dans cet atelier. Sur les murs on voit encore des dessins de sa main. Certains sont intéressants : chats miaulant, curés, et peinture projetée sur le mur. On accède à mon atelier par un escalier étroit et sombre. Avant on devait d'abord traverser la salle à manger, toujours sale et sombre ; puis une autre pièce indéfinissable avec un peigne bourré de cheveux et un miroir couvert de chiures de mouche ; on passait ensuite dans une cour où dormaient des poules et des lapins, et là, on voyait une porte bloquée par une rame, c'est la porte de l'escalier de mon atelier[299].

Dimanche 10 octobre[300]

(...) Comme convenu, mon « bon ami » est venu me chercher avec une ponctualité rigoureusement mathématique. Après un salut « respectueux », nous n'avons plus rien à nous dire. Le chapelier m'a enfin livré mon chapeau, un chapeau noir à large bord, comme je voulais. Il me va bien, mais surtout ça me change du chapeau à la mode, si ennuyeux et antipathique... On est allé au foot. Le match a tardé à commencer, le ciel s'est couvert de nuages... Le match terminé, le ciel s'est éclairci, les nuages ont pris des clartés jaunes. Il est magnifique de voir les joueurs aux maillots rayés courir et se mouvoir sur la pelouse verte, dans les premières ombres du crépuscule.

Ensuite avec « l'inséparable[301] », on est allé au cinéma Garida. Au balcon, qui était rempli de lycéens, on a fait les imbéciles comme jamais, on a applaudi, on a sifflé, on a ri, on s'est ennuyé... Des variétés stupides et un film (américain !). À la sortie, le ciel était plein d'étoiles. J'ai quitté un moment Guatxindango. Sala s'est occupé de lui. Je suis allé avec elles. Elles étaient avec Palet[302], un étudiant américain... nous avons discuté... et je suis parti...

Pi i Sunyer est venu défendre sa position. De l'autre côté, Soler et Ramis ont voulu défendre la leur : l'adhésion à l'Internationale. Comme de bien entendu, Pi a eu beaucoup de succès, tandis que les deux autres ont eu de la peine à se faire entendre[303] ! C'est la vie ! Hier on a vu Soler passer avec la Joconde[304]. Il était triste et sa bouche avait un rictus amer... Elle n'était ni triste ni joyeuse... Tout cela a fait naître une discussion avec mes camarades, qui sortent n'importe quoi lorsqu'ils ne peuvent pas répondre à mes arguments... L'un d'eux restait muet. Il écoutait nos hurlements, qui résonnaient dans les rues. En partant il m'a dit : Moi je m'en fous, qu'ils fassent ce qu'ils veulent. Et il a souri, d'un sourire d'incrédulité et d'indifférence. Les indifférents, voilà les ennemis !

J'ai dîné. Il commence à se faire tard, je vais étudier la physiologie si le sommeil ne me gagne pas avant.

Lundi 11 octobre

Nous voilà repartis, à nouveau le lycée, les leçons à moitié sues. Torres m'a interrogé en physique, je m'en suis bien tiré… Le matin est passé paisiblement, le ciel était bleu, les feuilles commencent à tomber des arbres.

L'après-midi, après avoir été chez Gallego[305], nous avons discuté avec Met, qui est venu pour étudier, mais comme demain est jour férié, nous n'avons pas fait grand-chose. On a goûté sur la terrasse, à l'extérieur, le ciel était timidement rosé et la nuit commençait à tomber. On a regardé les gens passer tout en dissertant sur la nécessité de trouver une formule algébrique qui exprimerait le « maximum du minimum » des études. Ce problème, je crois que beaucoup d'entre nous l'ont résolu, mais il est temps d'en faire une loi scientifique.

Avant d'aller au dessin, on est allé sur la Rambla où on a étudié quelques spécimens de putrescents. On en a découvert de magnifiques. Le monde est inépuisable!

Avec quelques camarades on a cherché dans les derniers étages et sous les toits une pièce qui pourrait me servir d'atelier… À l'Académie le dos de la Vénus continue à faire son effet…

Ma tante garde le lit depuis une semaine. Rien de grave, mais la maison est sens dessus dessous dès qu'il y a un malade.

Mardi 12 octobre

Je me suis levé tard, j'ai déjeuné, je suis sorti par vice. Machinalement, par vice aussi, je suis arrivé chez Batet[306]. De nouveaux livres de Baroja et quelques éditions du (…) j'ai acheté l'*España*[307] et me suis assis sur un banc de la Rambla. Un ciel bleu est apparu derrière les feuilles vertes... J'ai commencé à lire... J'ai passé le temps ainsi tandis que les aiguilles de l'horloge de la Rambla signalaient l'heure avec paresse.

Ensuite Sala est arrivé et a évoqué des souvenirs, des aventures passées. Le temps s'est accéléré, et d'autres amis sont venus se joindre à nous, et le temps s'est mis à s'affoler, et nous nous sommes amusés jusqu'à ce que l'heure du déjeuner arrive... Comme avec Gallego il n'y a pas de jour férié, je suis parti. À la sortie, comme d'habitude, j'ai étudié, puis j'ai discuté avec Met... Plus tard, les feux des châtaignes se sont mis à resplendir ; nous sommes allés sur la Rambla. Là aussi, comme d'habitude, on a divagué, on a étudié quelques putrescents et disserté sur le communisme. Une fois de plus, comme à chaque fois, j'ai regardé fixement des yeux mélancoliques qui regardaient les miens... et ainsi l'heure du dîner est arrivé.

Le maire de Cork[308] s'obstine à ne pas mourir. Il serait encore capable de recouvrer la santé ! *La Publicitat* assassine Lénine et Trotski dès qu'ils font un geste. Et ils se relèvent toujours[309] ! À Barcelone (comme d'habitude) les patrons ont fini par accepter, après une longue grève, les améliorations demandées par les charretiers, améliorations qu'ils jugeaient irréalisables[310].

Il s'est produit de grandes scissions dans tous les partis socialistes du monde, à cause des conditions posées par les soviets pour entrer dans la IIIe Internationale[311]. Cela a entraîné aussi l'expulsion de beaucoup de socialistes traîtres des rangs communistes. Lénine voit clair, il faut faire la révolution universelle. Il faut assainir les partis ouvriers. Une poignée de convaincus sincères et conscients des idéologies communistes feront davantage pour l'œuvre révolutionnaire qu'une multitude de réformistes et de socialistes démocrates peu sincères, qui au moment décisif n'hésiteront pas à rejoindre les rangs des réactionnaires.

Mercredi 13 octobre

Mêmes choses que d'habitude. Le monde, identique. Je pourrais peut-être loué un atelier (il serait temps!).

Une journée sereine... ensoleillée... En sortant de chez M. Gallego, je suis tombé sur un oncle de Sala, un homme aphone, obèse, avec moustache et barbe fournie, visage rouge, grand amateur de peinture et d'alcool. Il m'a rasé un long moment à me parler de peinture. Il me les a tous sortis : le Greco, Velázquez, Zurbarán, et même Sorolla. Le comble du délire paroxystique. De temps à autre il s'arrêtait sur le trottoir : Faut voir la perspective des Meninas!... Par bonheur, devant le Sport, il m'a laissé. Allez, au revoir, on parlera d'art une autre fois. Voilà, c'est une conséquence de la rumeur qui court que je suis un connaisseur en peinture, et que je peins. Il y a des inconvénients à tout.

Tandis que j'avais fort à faire avec la hanche de la Vénus, une terrible tempête a éclaté, éclairs, tonnerres et une averse colossale... J'ai dû partir précipitamment et courir jusqu'à la maison.

Jeudi 14 octobre

Journée ensoleillée et animée, rues pleines de monde et de mouvement, barretines rouges, bérets verts, blouses bleues et troupeaux de porcs noirs et rosés, chevaux et bœufs traversent la rue remplie de paysans.

Au lycée, rien de nouveau ; et chez M. Gallego, comme d'habitude. En fin d'après-midi, je suis allé sur la Rambla jusqu'à ce qu'il soit l'heure d'aller au dessin.

Vendredi 15 octobre

Aujourd'hui, vendredi, il a fait un temps incertain. Le matin, mes camarades se sont moqués de moi, ils m'ont refait le « coup de la sauterelle[312] ».

J'ai entendu parler d'une maison en très mauvais état, rue de la Muralla, je l'avais remarquée quelquefois en passant, elle a un aspect mystérieux, c'est une maison qui tient presque de la légende et dont tout le monde parle avec un brin de mystère.

C'est une maison inhabitée. Les soirs de pleine lune ses balcons branlants lui donnent un aspect fantomatique. On dit qu'une bande de jeunes s'y réunit et qu'ils restent à chanter presque toutes les nuits et empêchent les voisins de dormir jusqu'à une heure avancée. C'est M. Soler le propriétaire[313]. À la sortie du lycée je lui ai demandé s'il pourrait m'en louer une pièce. Il m'a dit oui. Et il m'a raconté toute l'histoire de la maison : des gens s'y réunissaient pour des débauches. Il m'a raconté qu'il s'en était passé de bonnes dans cette maison. Il m'a dit qu'elle était en très mauvais état, mais qu'on pouvait y envoyer un maçon pour faire des réparations. À présent, ils n'y vont plus, mais à ce qu'il paraît ils se sont bien amusés…

Quand la nuit est tombée, je suis sorti et je suis allé le chercher à la bibliothèque du Sport. Il était en train de travailler et finissait de relire quelques copies, nous sommes sortis : les voisins ont dû trembler en nous voyant entrer. En effet, dès que M. Soler a tourné la clé dans la serrure, les gens des magasins voisins nous ont regardés d'un air bizarre, comme si nous étions des organisateurs d'orgies et de chahut. Il a ouvert la porte et a pris deux bougies sur une étagère. Il m'en a donné une, nous sommes entrés dans la pièce principale où régnait une ambiance de sorcellerie, un lieu où pourraient se réunir follets et esprits. Sur le mur il y avait un grand Christ peint, qui m'a impressionné sur le coup, à la lueur des bougies. Nos ombres se projetaient, géantes, sur le mur couvert de graffitis et de vers obscènes. C'est la grotte d'un humour barbare peu raffiné. D'épaisses toiles d'araignées pendaient du plafond, et on entendait voleter une chauve-souris. Nous avons avancé. On a grimpé un escalier étroit, très étroit, et nos pas ont résonné de manière étrange entre les murs délabrés de la maison légendaire. On dirait une chambre, mais c'est une cuisine, ancienne : une cheminée, un évier avec des faïences peintes, une table improvisée, et deux portes. Sur la table, des papiers; sur les papiers, de la poussière. Sur l'étagère, de la vaisselle, une guitare aux cordes cassées; et sur une chaise, une mandoline; une bougie dans une bouteille… Sur les murs peints couleur cuisine, des inscriptions et des graffitis du style de ceux d'en bas. On peut y lire des fragments des *Conseils de Cent* de Peius[314] : Même parvenu aux sommets tu devras toujours aller chier; et d'autres, beaucoup plus salés… enfin un balcon qui branle d'où l'on voit se découper les silhouettes des toits voisins et un ciel noir brodé d'étoiles… Cette cuisine donne sur une autre chambre, qui est celle que M. Soler pense me louer pour mon atelier. Elle s'appelle « salon des portraits », il y a des ex-voto, des graffitis, et toujours la même littérature… On a décidé avec M. Soler de donner un aspect plus humain à la maison de « Monsieur Pancrace » ou « maison paternelle ».

D'abord il faudra la blanchir puis réécrire des strophes plus « morales »; moraliser, en somme, dépoussiérer; bref, rendre ces deux pièces plus habitables.

On raconte beaucoup de légendes sur cette maison. Un jour, M. Papell[315] a suspendu avec un fil un crâne de carton illuminé à l'intérieur par une bougie et il a laissé le balcon ouvert. Les gens se sont assemblés dans la rue : Regardez, regardez! il bouge. Les enfants ont regardé avec de yeux grands ouverts le fantôme se balancer au gré de la brise nocturne... On a inspecté tous les étages : ils sont dans un état déplorable. En fait, il ne reste de cette maison que son squelette, sa carcasse, et c'est dans cette carcasse ancienne que nous pensons construire un nid, un coin d'art et de recueillement.

On raconte que lorsque le froid sévissait on arrachait portes et fenêtres et qu'on les brûlait.

On est sorti dans la rue. La nuit était noire comme une gueule de loup. On s'est quitté. Je suis allé en cours de dessin. Aujourd'hui, c'était la distribution des prix, et il nous a fallu attendre un long moment.

Le maire (Vicens Ros) est enfin arrivé[316]. On a dû attendre car les prix sont d'abord remis aux filles. Pendant ce temps nous avons chanté et on a fait les pitres, les étoiles tremblotaient dans le ciel... Les filles sont sorties, on a félicité Carme et Estela; en saluant Estela, j'ai éprouvé une douce tristesse... Depuis un moment déjà, elle a un fiancé, jeune, avec des lunettes bleues; elle l'écoute et ils se regardent dans les yeux... Tout passe. Avec cette pensée en tête je suis entré à l'Académie. Le maire était debout. À ses côtés se tenaient un secrétaire et le maître. Moments de silence... M. Núñez a pris une feuille et s'est mis à lire : Salvador Dalí. Présent. Je me suis ouvert un passage pour accéder à l'estrade. Alors le maire a dit avec solennité : C'est avec une grande satisfaction que je vous remets le premier prix. Celui-ci fait honneur à la famille Dalí, mais aussi à cette académie, dont on pourra dire plus tard qu'elle a formé un artiste célèbre… Merci beaucoup… j'ai retiré le prix, premier prix, en dissimulant mon envie de rire, c'était d'un comique… Ensuite sur la Rambla. Puis à la maison, où la famille souriait de satisfaction à l'idée d'avoir un tel rejeton (qui fait honneur à la famille et à l'Académie, d'après les paroles authentiques d'un vrai maire !).

Samedi 16 octobre

Journée monotone, rien… lueurs du couchant dans la soirée… penser à beaucoup de choses nouvelles. Je sens naître en moi de nouvelles idées, et l'idée que j'avais de la vie l'année dernière a entièrement disparu. Cette époque de mysticisme fervent est complètement passée. Peut-être était-elle plus pure, mais l'actuelle est plus humaine. Oui ! Tout est sensualité… tout est amour… L'homme vit pour jouir de la sensualité et de l'amour, mais d'une sensualité et d'un amour purs et parfaits.

Dimanche 17 octobre

Aujourd'hui dimanche, je me suis levé relativement tôt, car je devais aller à la maison « paternelle » avec un maçon, pour voir les réparations qu'il y a à faire. Nous avions rendez-vous avec M. Soler à neuf heures. Mais comme la ponctualité est superflue, aussi est-il apparu à onze heures. Ce n'est rien, il a dû être retenu. Moi, en attendant, j'ai passé le temps du mieux que j'ai pu, à regarder comment les nuages couvraient le ciel bleu et comment les rayons de soleil filtraient à travers les branches des grands platanes, s'éteignaient et se rallumaient. Puis Lenti est arrivé avec d'autres camarades et nous avons parlé politique en attendant le maçon et le menuisier qui ne venaient toujours pas. Plus tard le menuisier est arrivé, mais il a fallu attendre le maçon. Le menuisier s'est impatienté et il a dit qu'il allait se raser et qu'il revenait. Alors évidemment c'est le maçon qui est apparu, et il a fallu attendre le menuisier... et il était midi et demi. La veille on avait pris un rendez-vous ponctuel pour neuf heures pile (ce n'est rien, un petit peu de retard). Le maçon nous a rassurés et nous a dit qu'il n'y avait pas de danger, malgré que la maison soit en état de ruine. Il a vu ce qu'il fallait faire, puis on a discuté, et on est allé déjeuner, c'était déjà l'heure. Nous, les méditerranéens, on est comme ça, on n'est jamais pressé, c'est la grande sensualité.

L'après-midi, Guatxindango est venu me chercher pour aller au foot. Plus tard, elles sont arrivées, nous leur avons laissé notre place et elles nous ont remerciés. Il y a eu des nuages noirs, couleur de plomb. Un vent d'orage a fait plier les arbres comme un présage de pluie. Soudain le tonnerre s'est mis à gronder et de grosses gouttes, grosses comme une pièce de cinq sous, sont tombées. Le stade s'est vidé, seuls les plus passionnés ont continué de suivre le combat des joueurs déjà trempés. Nous nous sommes retirés avec elles et on s'est réfugié au cinéma Cusí[317]. Elles voulaient payer l'entrée mais nous nous y sommes opposés, et nous avons gagné. Je n'avais pas assez d'argent mais Guatxindango est venu à mon secours.

L'idée que nous avions eue a été partagée par beaucoup d'autres et le cinéma a été pris d'assaut; comme nous sommes arrivés les derniers, on a dû rester debout. Alors un orage fantastique a fait rage. Quand il a fait noir, le cinéma est devenu un lieu des plus appropriés pour les initiations amoureuses... Alors je l'ai regardée longtemps et je l'ai vue sourire ; on a discuté, on a ri de plaisanteries plus ou moins douteuses... Puis on a réussi à s'asseoir sur les marches d'un escalier, ce n'était pas du tout inconfortable. Guatxindango ne disait rien, absolument rien. Ça nous a fait rire et ça nous a donné un nouveau sujet de conversation. Plus tard on a trouvé des sièges (des vrais sièges). Un duo de chanteurs de music-hall, qui n'était pas à fusiller, loin de là ; puis l'obscurité si attendue. Elles sont parties, elles devaient voir je ne sais qui, et nous sommes restés jusqu'à la fin. À la sortie il pleuvait toujours. La Rambla était déserte.

Je suis tombé sur Subias et me suis réfugié sous son parapluie. Guatxindango a disparu avec beaucoup d'opportunité. Nous avons échangé des impressions. Il vient d'arriver de Barcelone, il souriait amèrement. Il ne sait que faire. Il ne trouve pas de façon rationnelle de vivre. Néanmoins, il reconnaît la beauté de la vie. On est sorti. On a parlé du Greco, de la révolution russe, de Picasso, de métaphysique, de cubisme[318], on s'en est donné à cœur joie. Nous nous sommes dits qu'il y avait longtemps qu'on n'avait pas parlé à quelqu'un comme ça. Nous, on se comprend, et chaque fois qu'il est de retour, on a besoin de parler avec passion. Aujourd'hui on peut s'estimer satisfaits. Je peux dire que je me suis bien défoulé. Wells, le grand romancier anglais, est parti en Russie... est-ce que ce n'est pas significatif ? On attend donc les impressions de ce grand homme.

Lundi 18 octobre

Lundi. Journée très nuageuse, très grise, très triste et la pluie tombe à verse. J'ai une flemme époustouflante qui me transperce jusqu'à la moelle des os. À la sortie du lycée, avec M. Soler, on est allé à la maison « paternelle » voir s'il y avait des gouttières. Elle est en meilleur état qu'on ne pensait. Nous avons parlé de différentes choses. Il m'a accompagné jusqu'à la maison sous son parapluie. Enfin, l'après-midi est venu, l'après-midi tant attendu. Malgré la pluie, la boue, le ciel maussade, il y avait beaucoup de monde, beaucoup de paysans, beaucoup de parapluies rouges… C'est la foire de la Saint-Luc[319]. Comme d'habitude il fait nuit quand je travaille la physique et dehors, ploc, ploc, ploc, il continue de pleuvoir… et les gouttes tombent avec monotonie de balcon en balcon et la pluie colore le ciel avec du gris plomb…

J'ai acheté des châtaignes que j'ai mangées en dessin. Là, on a discuté et la plupart du temps on ne disait rien. Ainsi va la vie, aujourd'hui il pleut, demain il fait soleil, aujourd'hui dimanche, demain lundi, et tout recommence…

Mardi 19 octobre

Une journée très bleue. Turró était au courant de choses très intimes et il a insisté tout le matin pour m'en parler. Enfin, il m'a tout révélé. Elles lui ont tout raconté. J'ai ressenti de l'amertume. Toute leur hypocrisie, toute leur insincérité me blesse. J'ai fini par penser que tout n'est que mensonge, feinte. Je tremble, n'en ai-je pas fait autant!…

J'ai parlé à Lola, froidement. Elle a dit qu'elle ne

savait rien, qu'elle n'avait rien dit, et les feuilles tombaient à foison sur la Rambla...

Avec Subias on a parlé sur l'art et sur le communisme. Sala nous a apporté des nouvelles sur la politique, (...)[320] et Xènius[321], etc., se présentent à Barcelone sous l'étiquette communiste. Les syndicalistes sont divisés, les uns veulent aller voter, les autres non. Parler d'élections, c'est être vraiment naïf !

Le soir venu, je suis allé sur la Rambla. Il commençait à faire frais, et j'ai vu qu'il lui avait tout raconté. Elle m'a regardé avec des yeux tristes. Mais tout ça n'est rien d'autre que de la littérature !

Mercredi 20 octobre

Une autre journée bleue, plus bleue qu'hier toutefois. Avec Soler on est allé se promener dans les champs. Faire le cours en pleine nature c'est vraiment plus intelligent.

Et la nature était splendide aujourd'hui... la matinée sèche, l'air tiède... les arbres au loin commençaient à jaunir... c'est l'automne.

Sous le ciel si bleu, Lenti se délectait de discuter avec ses élèves. Il a parlé de plein de choses, passant de Diogène à Newton, et de Newton au sens commun. Pour résumer, Valle-Inclán appellerait ça « Esperpento ».

L'après-midi a été chaud. Les maisons d'en face étaient toutes rouges. À un moment on aurait dit qu'elles allaient s'embraser. Puis peu à peu elles ont commencé à s'éteindre, et puis tout est devenu bleu... Le crépuscule est arrivé avec ses ombres blanches. On a allumé les réverbères, les fenêtres se sont éclairées. La lune naviguait dans un ciel pur.

Chaque jour on parle de révolutions contre les

soviets. L'hiver approche, la famine est là, la famine est grande[322], bientôt la neige tombera sur les steppes sans horizons… monotones, et toi Millerand[323], près du feu, tu liras le nombre des gens morts de froid dans les rues et tu pourras être satisfait et faire l'aumône aux pauvres !

Jeudi 21 octobre

Il ne faut pas plaisanter avec cette histoire du maire de Cork[324]. Il paraît que c'est vrai, tout invraisemblable que cela paraisse, qu'il a passé deux mois sans manger ; hier, un de ses amis est mort de faim. C'est d'un héroïsme tragique et ça suppose une volonté de fer. Mitcherine[325] dément les nouvelles tendancieuses sur de supposées révoltes en Russie. Il affirme que le peuple est inébranlable.

La force de l'amour continue et continuera. Prières, excuses, surprises. Quant à elles, il ne leur viendrait pas à l'idée de raconter quoi ce soit. Ce qui est sûr c'est que ses yeux brillent d'une manière qui n'est pas précisément insincère.

Torres m'a interrogé, ça s'est plutôt bien passé. Avec Subias on n'a pas arrêté de discuter. Il reconnaît qu'il est désorienté, qu'il doute… la vie passe vite, et ce n'est pas vraiment une invitation à douter… elle ne nous invite qu'à vivre !

Vendredi 22 octobre

Rien de bien nouveau. La même chose, comme chaque jour. Triste monotonie au lycée et au-dehors. Ma mère n'était pas bien[326].

Samedi 23 octobre

Matin gris, les feuilles des arbres tombent. Torres a collé un zéro à toute la classe parce qu'on est arrivé en retard. À un moment, Palet et Lola ont marché au loin et ils voulaient que je les rejoigne. Ce soir, viens nous attendre aux Françaises, on ira se balader, vous pourrez discuter, nous on vous dérangera pas… Viens avec Palet…

Le professeur de physiologie, Lacumberri[327], m'a interrogé ; ça s'est bien passé… L'après-midi est arrivé, dans la grisaille… J'avais pour tout une flemme immense… Ma tête était sens dessus dessous et je ne suis pas allé chez M. Gallego… Mon oncle est arrivé ce soir, il restera chez nous jusqu'à demain matin, puis il partira pour Paris et l'Italie. Je devais aller le chercher ; il faisait déjà nuit. Avant que la lune n'apparaisse je suis allé attendre les filles aux Françaises[328]. Subias était avec une fille. Ensuite je les ai aperçues dans un groupe, je me suis approché, je leur ai dit que je ne pourrai pas rester, puis j'ai pris le chemin de la gare… Je devais attendre une demi-heure avant que le train n'arrive, mais il y a eu un retard d'environ une heure, une heure et demie… j'ai pris cela avec résignation. Le temps est passé, lentement, j'ai fait les cent pas devant la gare, je suis rentré parfois dans la gare, j'ai regardé l'horloge… machinalement, je suis retourné marcher sans me souvenir de l'heure que je venais de voir. Des gens ont commencé à arriver… Je suis tombé sur un camarade avec qui j'ai discuté avec paresse de choses sans importance. Mon père est arrivé. Ils ont commencé à donner les tickets de quai, j'en ai pris deux, par la fenêtre du guichet où l'on ne voyait que des moustaches et une bouche…

On est sorti, on est tombé sur Gallego. Comme toute

personne un peu rationnelle il s'est plaint du gouvernement et de l'administration des Postes ! On est foutu ! Y a pas de solution. Tout le monde disait la même chose, seuls les plus discrets savent qu'il existe un remède ; et ce remède s'appelle la révolution.

Le train est arrivé, confusion de bagages, de fumée, de gens, mon oncle, embrassades et bises, la vibration des vitres d'une « centrale », la clarté verte des réverbères qui filtrait à travers la poussière des vitres.

À la maison répétition d'embrassades et de bises, on a discuté d'un tas de choses.

Il m'a dit que j'avais l'air romantique. Il a commencé la critique de mes tableaux.

Après le dîner on a parlé de Paris et on a consulté un plan de la vieille ville.

Dimanche 24 octobre

C'est une journée toute nuageuse. J'ai demandé si on allait en excursion. On m'a répondu que oui. Je me suis levé. Mon oncle était devant une tasse de café fumant et un tas de cartes qu'il était en train de consulter. Je lui ai dit bonjour. Le ciel s'est éclairci peu à peu. Parfois le soleil filtrait à travers la persienne et illuminait le mur rouge de rais flamboyants. Ensuite, avec mon oncle, on a commenté mon œuvre, mes bonshommes ; et au plus fort de la discussion, deux coups ont frappé à la porte. On est allé ouvrir, c'était Guatxindango. Salut, camarade ! Mon père s'est écrié du haut de l'escalier : La « centrale » ! Elle était déjà là (le moment de la grande confusion, sans lequel il n'y a pas de vrai départ, approchait). Des cris d'un côté, des voix de l'autre, un carambolage de bagages, j'oublie mon chapeau, des bises, des embrassades, des coups à la porte d'en bas, la bonne ne trouve pas la valise, Guatxindango regarde interloqué toute cette confusion, dites-leur qu'ils m'attendent au bas de l'escalier, on a perdu grand-mère, elle est aux toilettes, faut l'appeler, enfin elle sort, un au revoir général, encore d'autres bises, et enfin le calme est revenu, lorsque la « centrale » a tourné au coin de la rue. On est allé à la gare. Les nuages étaient de retour, on a attendu un long moment avant que le train daigne démarrer. Un après-midi magnifique, une rivière aux bords touffus, des fleurs mauves sous les pins. Un ciel couvert, mélancolique, déjeuner en pleine nature, un bon riz et un vieux cru. Les trains passaient au loin, laissant une traînée de fumée derrière eux. Un beau crépuscule. Entrer dans un charmant village et entendre la charrue, le vieux cimetière adossé au vieux clocher roman, quelques notes stridentes d'un orgue de Barbarie échappées au milieu des rumeurs de la fête... Contrastes... Plus tard, la lune entre les nuages, et les lumières des villages, craintives, qui clignotent à travers le paysage bleu... un ver luisant? non, une étoile dans l'obscurité... l'eau fraîche d'une fontaine entourée de châtaigniers. On est revenu dans un wagon de troisième, dans la joie. On s'est jeté les fleurs cueillies près des eaux lisses du Fluvià... c'était une bataille joyeuse... Il n'y avait que des nuages et on ne devinait la position de la lune qu'à la timide lueur verte qui flottait entre les nuages blancs.

Une fois à Figueres, je me suis coiffé, j'ai enfilé mon pardessus et je suis allé sur la Rambla avec Guatxindango. On a parlé avec Subias. En face il y avait un banc... elles étaient là, avec Palet... Vous m'excuserez... Je me suis approché et me suis assis près d'elle. On a parlé de banalités... évidemment! Je suis incapable de le lui dire! ai-je pensé. Le temps est passé, j'ai réussi à la convaincre (ce qui n'était pas difficile car elle en avait plus envie que moi) d'aller à la Nouvelle Promenade... on y est allé.

Au début nous avons été surpris car l'endroit était complètement noir et désert, mais petit à petit nos yeux se sont habitués à l'obscurité bleue de la nuit, puis, après, on a pu voir que l'endroit n'était pas aussi désert qu'on le pensait : sur chaque banc, il y avait un couple. Tout le fantastique qu'il y avait à pénétrer l'épaisseur des platanes a disparu et tout est redevenu plus humain. Rassurés, on s'est assis sur un banc. Elle a cherché un prétexte pour que nous restions seuls, elle a dit qu'elle voulait aller se promener, les autres ne voulaient pas (tout était bien étudié). Me rappelant ses intentions, je me suis levé. Ils nous suivront! Bien sûr qu'ils vont nous suivre, a-t-elle répondu. Mais ils ne nous ont pas suivis, ils sont partis de l'autre côté, très vite. Je ne sais si elle a eu peur, ou si elle regrettait déjà, elle les a appelés. Ils nous ont attendus, on est resté ensemble (ça ce n'était pas prévu, la farce était terminée). Je ne sais pourquoi Lola a dit : allez, dites une bonne fois pour toutes que vous vous aimez. Elle est restée de pierre, et moi de marbre. Il y a eu un grand silence. Puis, la surprise passée, j'ai proposé qu'on aille se promener plus haut. On a emprunté la rue des Juifs[329]... Le décor était tout à fait de circonstance : tout était bleu, très bleu, le ciel nuageux, partout une grande mélancolie. Au loin, quelques lumières teintaient de jaune l'intérieur des fenêtres, un silence suprême, j'ai ressenti une grande émotion et, d'une voix tremblotante, je lui ai dit, fixant mon regard dans le sien... Écoute Carme, je crois que ça ne sert à rien de se cacher davantage ce que tous deux savons parfaitement. Que veux-tu dire?... Que je t'aime! Je t'aime beaucoup... Oh, tu n'es pas sérieux, tu mens... pourquoi est-ce que tu mens...? (elle parlait avec une voix fluette comme un soupir... dans le ciel la lune voguait entre les nuages bleus). Je te le dis de toute mon âme, crois-moi!... Tu ne le dis pas avec tout ton cœur... Si, si, je parle sérieusement... (elle a souri). Oh, tu te moques de moi. Elle a pris un air sérieux et s'est tue... Écoute, Carme, je ne savais pas si je devais te le dire ou pas, si c'est ce qu'il fallait faire, mais j'ai pensé que tu préférerais que je sois sincère avec toi. Mais chez toi ils ne veulent pas! Quoi? Qu'est-ce qu'ils ne veulent pas? Que tu m'aimes! Qu'est-ce que ça peut faire, si nous nous aimons! Qui est-ce qui peut nous en empêcher? Mais réponds-moi, réponds-moi, je te le demande, je t'en prie... Eh bien oui, je t'aime (il y a eu un soupir, une plainte parmi les ombres). Vraiment?... Oui... tu ne le voyais pas? tu n'as pas lu ma lettre! Si, si, mais... Et les autres sont arrivés... Quelle douce nuit!... Oh, si quelqu'un nous trouvait ici! Et on a parlé... puis ils sont passés très vite et nous ont laissés seuls. Vraiment tu m'aimes? Oui... Oh, Carme, laisse-moi t'embrasser... Non!... Si! Mais elle a tourné la tête. Pourquoi ne veux-tu pas que je t'embrasse? Ils vont nous voir, ils sont là à côté! Non, ils ne verront rien! (J'ai passé ma main autour de sa taille, j'ai essayé de l'embrasser, elle a résisté.) Laisse-moi partir!... Laissons-les s'éloigner, restons ici... Non, non! allons les rejoindre (a-t-elle dit toute tremblante, et elle est partie en courant et a tiré sa copine par la ceinture de sa gabardine...). Je lui ai proposé qu'on se revoit. Le seul moment, c'est le soir...

On est allé sur la Rambla, puis on l'a raccompagnée. On est resté seuls tous les trois, j'ai remercié Mlle Carré. On est revenu sur ce qui s'était passé. J'ai cherché un prétexte et je suis revenu sur la Rambla... Qu'est-ce qui s'est passé? Quelle confusion dans ma tête et dans mon cœur! Oh, pauvre Dalí, où es-tu?... Je ressens de la peine à me remémorer ce qui vient de se passer, mais je ne peux m'empêcher d'y repenser... Que de sensations! Dans mon lit, j'y repense encore, et mon cœur bat la chamade... J'ai du mal à m'endormir... Mais je la revois en songe toute la nuit...

Lundi 25 octobre

Une journée grise très triste et une émotion étrange... une douce tristesse et elle toujours... Serait-ce de l'amour ce que je ressens? Que de naïvetés et de désirs!... Est-ce la farce qui continue? L'amour n'est-il pas un mensonge? Je commence à penser le contraire, que l'amour est vrai, mais que trop de littérature vient s'y ajouter. Sinon, ce serait la plus belle chose au monde. Maintenant nous aimons! nous aimons, nous jouissons de tout, de l'amour de la volupté, après ce sera peut-être trop tard... Pourquoi penser à l'avenir, si on est heureux maintenant? Est-ce de l'égoïsme, alors? Je ne sais pas, je ne sais pas... C'est là tout un monde d'idées inconnues et, les yeux ensommeillés, les pensées en lutte, je regarde tomber la pluie, la pluie d'automne. Elle tambourine contre les vitres, puis fait un bruit monotone en retombant sur les rebords... Le soir tombe... Lorsque tout est bleu je la vois passer... La physique est très rebutante, surtout aujourd'hui. Puis sont venus les doutes : il faut aller l'attendre, non il ne faut pas y aller. Elle va sortir de chez les sœurs avec toutes ses amies et je ne pourrai pas lui parler d'amour. En plus, il pleut à verse, elle ne sera pas étonnée de ne pas me voir... je suppose... oui, il pleut beaucoup, et je suis allé en dessin. J'y ai retrouvé la Vénus de Médicis, et avec les copains on a plaisanté. La vie est ainsi... et pour l'instant je la trouve très belle, très pittoresque. Maintenant je commence à en connaître une partie importante, « l'amour ».

Mardi 26 octobre

Matin gris, triste, il a plu, il s'est arrêté de pleuvoir, il a plu encore. J'ai parlé brièvement avec Lola... Ce soir aussi il pleuvra, et donc : rien, beaucoup de souvenirs...

Mais le temps est redevenu serein. Quand on était en train de travailler en physique, le ciel est devenu très bleu, le soleil couchant a illuminé les toits et des couleurs rougeâtres se sont reflétées sur les trottoirs. Les arbres et les balcons ruisselaient d'eau et tout était doucement humide. Quand le soir a commencé de tomber, la lune pâle a fait son apparition, elle s'est élevée peu à peu. Puis il a fait nuit et les réverbères se sont allumés. La lune était belle et sa lumière verte emplissait d'amour toutes les maisons. J'ai mis mon chapeau à large bord, mon pardessus. J'ai regardé à nouveau la lune, et j'ai senti dans mon cœur une douce et tendre émotion et j'ai deviné qu'il s'agissait d'amour, et tout de suite, son souvenir, cette nuit-là... un soupir parmi les ombres, des paroles tremblotantes, une supplique, et au loin la rumeur de la ville et la quiétude du soir.

Je suis allé sur la Rambla. Je suis tombé sur Palet. Il manquait cinq minutes pour faire sept heures et on est parti en hâte vers le couvent des religieuses françaises. Les filles répètent une pièce pour le jour de *notre mère.* Dans un sentier étroit, éclairé par la lumière verte d'un réverbère, on est tombé sur Subias. Il attendait sa fiancée. On a discuté. On a projeté de faire l'assaut du couvent par le mur du jardin et de regarder derrière une fenêtre les répétitions et la comédie définitive. (...) Il a dit que ce ne serait pas très difficile de sauter le mur... On en reparlera demain plus longuement, on fera un vrai plan... La lune naviguait dans des cieux bleus... elles sont sorties.

Elle a dû nous quitter, sa tante vient de mourir et elle devait rentrer chez elle. Mais on a eu le temps d'aller sur la route du château. La nuit était belle. Je l'ai regardée dans les yeux et je lui ai dit que je l'aimais beaucoup et elle m'a répondu qu'elle n'aimait que moi. Je l'ai raccompagnée. Plus tard avec Palet, on s'est promené sur la Rambla. Il était dans ses pensées. Il m'a dit qu'il n'aimait pas Lola, qu'il se prêtait à un jeu, c'est tout. Il m'a dit qu'il connaissait une fille très belle, qui est folle de lui... Que faire? Laisser tomber cette fille quelconque... Non, ce ne serait pas bien, mais de la faire marcher non plus. La tienne au moins, elle est jolie, purée, elle a un corps! mais moi avec ce moins-que-rien... Mets-toi à ma place! Je suis rentré à la maison. J'ai dit que j'étais en retard pour le dessin... Ce qui était vrai!

Mercredi 27 octobre

Nous avons demandé un congé au directeur pour la Saint-Narcisse, bien que ce ne soit pas officiel. On aura une journée entière. Il a accepté. Enthousiasme délirant des lycéens. Quelqu'un a proposé de ne pas aller en cours pour le remercier.

J'ai donné la lettre à Lola. Elle regrettait beaucoup que je ne puisse pas y aller...

Un autre membre du Sinn Fein est mort de faim!... En Espagne, ils ne sont pas pressés de faire la révolution! Rien! En Angleterre, tentative d'organisation ouvrière, avec la grève des mineurs[330]. À Riotinto la tragédie continue[331].

C'est la pleine lune, il fait une nuit d'automne, sereine, avec des arbres presque sans feuilles… Je suis allé au dessin. Puis à la maison j'ai travaillé la métaphysique avec mon père. Je pense à elle… son souvenir me revient doucement, pourquoi le nier?

Le maire de Cork est mort! C'était donc vrai! J'ai eu comme un remords de m'être si souvent moqué de lui[332]!

Jeudi 28 octobre

Automne… journée triste… Ce soir j'irai voir la Tórtola[333]. Ce sera un événement artistique. Je crois qu'elle n'est plus ce qu'elle était, mais qu'elle en vaut encore la peine. Hier, Roger[334], l'amant de la Tórtola, qui est ici à Figueres, a proposé spontanément son atelier à mon père au cas où je voudrais l'utiliser. Comme mon père savait que j'avais la maison « paternelle », il s'est contenté de le remercier, mais aujourd'hui quand je l'ai appris, j'ai ressenti une grande tristesse… Quel dommage! Toutefois, je peux encore le lui demander, c'est ce que je ferai. Ce soir mon père me présentera à la Tórtola et à Roger. Ce serait vraiment curieux qu'ils ne me refassent pas la proposition. La Tórtola dit qu'elle me connaît de vue. Un grand garçon, maigre, avec un grand chapeau et des favoris… un romantique, sûrement.

Après le dîner, chez Garida. Le cinéma était plein à craquer. Ils ont commencé par nous passer des films indécents, indignes… On a supporté ça jusqu'à midi et demi. Chacun y a été de son petit commentaire. Quelqu'un a dit que c'était le dieu Bouddha qui lui avait interdit de danser le jeudi, et qu'en fait elle attendait demain pour danser… D'autres ont dit qu'en fait elle n'avait pas envie de danser; et ainsi se sont succédé toutes sortes d'avis très pittoresques. Enfin, elle est apparue...

C'est magnifique. Pour le décor, de grandes tentures violettes, deux lampes orientales qui pendent du plafond en diffusant une lumière rouge... Qu'elle est belle dans la *Danse espagnole* de Granados... Quelle couleur ! Quel mouvement, quelle expression dans les yeux, quels yeux...! Et ensuite, danses indiennes... dans *La Charmeuse de serpents,* quelle sauvagerie ! quelle richesse dans ses vêtements, son manteau, son or ! Parfois, on dirait une ancienne sculpture indienne dans toute sa majesté, dans tout son mystère... Un moment tragique, l'autre sauvagement joyeux, là purement voluptueux, ici débridé dans la luxure... Mais tout ce qui est bon a une fin, et le spectacle s'est terminé... Et lorsque le rideau est tombé j'ai ressenti une grande tristesse[335]. Mon père voulait me la présenter, mais j'étais tellement impressionné que je n'ai pas osé et j'ai voulu partir. Je me suis endormi, mais je la voyais encore : avec tout son luxe oriental, avec ses mouvements d'yeux, avec ses couleurs.

Pourtant elle est âgée, et ça se voit. Tous ceux qui l'ont vue il y a des années le disent... Pour moi elle est colossale... Je ne peux pas dire plus.

Wells est revenu de Russie[336] et a confirmé qu'il n'y avait pas de révolution contre les soviets... Il a dit que les gens avaient faim, mais que le peuple ne se révoltera pas.

Vendredi 29 octobre

Journée nuageuse, grosses ondées, une grande tristesse partout. Comme c'est jour de fête, la journée paraît plus triste encore. Mais plus variée aussi. Je suis allé au Casino lire l'*Esquella* et d'autres hebdomadaires. Après, ciné. On a fait un chahut phénoménal, car on nous a repassé le même film. On était une vingtaine de lycéens à hurler et à applaudir; dès qu'une idée fusait on la mettait en pratique : allumer les briquets et les allumettes tous ensemble, lire en beuglant les gros titres qui apparaissaient à l'écran. Ce qui est drôle c'est que les spectateurs du bas nous ont imités, ce qui a augmenté le chahut de façon phénoménale. Puis les chanteurs de music-hall ont fait leur apparition, on a fait un chœur et un boucan infernal. On est sorti, la pluie tombait avec monotonie, l'électricité diffusait une lumière pâle, tout était très triste, sur le sol des feuilles et des feuilles. Les rues désertes, un passant avec un pardessus et un parapluie a traversé la rue et s'est perdu dans l'ombre au coin d'une rue. Le fait de ne pas l'avoir près de moi me fait voir les choses de façon encore plus triste, je ne sais jusqu'où elle (...).

Chaque jour, toujours plus d'attentats, mais pas seulement à Barcelone, il y en a dans toute l'Espagne à présent. C'est un combat tragique, on est arrivé à une insensibilité monstrueuse; les assassinats quotidiens, ça n'émeut plus personne... Et on dit que les patrons veulent décréter le lock-out généralisé, quels idiots! Je n'arrive pas à comprendre que l'on soit aussi bête... Car ces attentats ne sont que la conséquence du précédent lock-out et d'une répression aveugle et criminelle. Il ne faut pas oublier que Bravo Portillo[337] a semé longtemps la terreur à Barcelone... Et la pauvre Espagne continue à ne pas être gouvernée... en pleine dictature datiste... Sans pain et, le plus triste, sans espoir!

Les arbres sont tout rouges et les feuilles tombent comme une pluie de[338]...

Samedi 30 octobre[339]

Journée triste. Feuilles et lumières crépusculaires. Ce soir en cours de dessin, il a plu.

Dimanche 31 octobre

Matinée ensoleillée. Il m'a dit : à sept heures sur la Rambla. L'après-midi est arrivé. Guatxindango est venu me chercher à l'heure prévue. *Hola, amigo! Hola!* Et c'est tout. *Vamos!* Pour moi, c'est un type préfabriqué, le produit d'une nouvelle invention sud-américaine. C'est un automate, sans aucune sensibilité. Si on lui dit d'aller au cinéma, il dit bon d'accord sur le même ton qu'il a dû répondre le jour où ses parents lui ont dit qu'il devait passer son bac. Il est allé passer ses examens comme il aurait été à la corrida. Il fait ce que les autres font, et il sait ce qu'il doit faire, suivant les circonstances. Si un cas non prévu se présente à lui, il est désorienté et perd pied. S'il prend une gifle, il se plaint et s'indigne. Non pas parce qu'il a eu mal et qu'il se sent indigné, mais parce qu'il sait que dans ce cas il doit avoir mal et ressentir de l'indignation.

On est allé au cinéma Garida. J'étais nerveux et j'ai demandé souvent l'heure. Les films se sont succédé avec une pesante monotonie. Il restait quelques minutes avant sept heures. Je me suis approché de la fenêtre du café. Le crépuscule était bleu, et l'air froid. La Grande Ourse scintillait derrière un cyprès.

Je suis sorti du ciné et je suis allé sur la Rambla. Guatxindango était au courant de tout, il est resté quand même. Les aiguilles de l'horloge ont indiqué sept heures et on n'a pas tardé à entendre le son du clocher. Puis d'autres clochers ont fait écho. La Rambla était pratiquement déserte. Les filles n'y étaient pas. Je suis tombé sur un camarade, on a discuté un moment. Puis la Rambla s'est remplie de gens et on ne pouvait presque plus marcher. J'ai retrouvé Guatxindango. Puis elles, plus tard. Palet n'était pas là. On n'a pas dû se comprendre sur l'heure. On était tous désorienté. Puis il est arrivé. Mais il était très tard, et elles sont parties.

Novembre

Lundi 1er novembre

On s'était donné rendez-vous à la messe de l'Asile[340], mais elle n'est pas venue.

J'ai dessiné.

L'après-midi, foot. Après-midi gris. Je ne me sentais pas bien. Elles étaient là. J'avais la flemme d'aller les rejoindre. La nuit est tombée. Très noire. Par terre, des feuilles. Air humide. Je suis rentré, j'ai regardé par la fenêtre du balcon. Plus tard il a plu. De grandes ondées orageuses, et j'ai eu envie d'aller me mettre au lit.

Mardi 2 novembre

Je ne suis pas sorti aujourd'hui. Je ne me sentais pas bien du tout. Il pleut, il n'arrête pas de pleuvoir. C'est une journée triste et le ciel est gris. Lire, se prélasser. Regarder la pluie tomber et décrire des cercles de plus en plus grands sur l'eau boueuse de la place, regarder quelqu'un passer à toute vitesse sous un parapluie luisant, et l'après-midi mourir au son de la chanson monotone de la pluie. Les réverbères s'allument et ils se reflètent dans les flaques et sur les trottoirs mouillés et couverts de feuilles. Ouvrir un livre et s'endormir au rythme du tic-tac de l'horloge.

Mercredi 3 novembre

Aujourd'hui encore, je ne suis pas allé au lycée. Pluie, ciel gris. J'ai lu plus qu'hier. Guatxindango est venu me voir. Puis Met, avec qui j'ai discuté. Plus tard, le médecin est venu.

Jeudi 4, vendredi 5,
samedi 6, dimanche 7 novembre

Il a fait une journée orageuse comme hier. Je me sentais mieux et je me suis levé. J'ai passé une nuit délicieuse. Rêver est une chose qui me plaît beaucoup. Je passe souvent des nuits à faire des rêves extraordinaires, délicieux, que je ne comprends pas car tous les détails s'effacent de ma mémoire.

Courir au lycée. Ce soir, attendre aux abords du collège des religieuses. Ensuite, regarder ses yeux pour y voir se refléter la clarté de la lune. Et enfin, dessin. Chaque jour semblable. Les journées sont douces, identiques… Ainsi s'est terminée la semaine, jusqu'au dimanche.

La matinée a été resplendissante. Derrière les feuilles jaunes, le cobalt d'un ciel lumineux. Rodeja[341] était enthousiaste devant mes tableaux. Mais en fait il n'y comprend rien. C'est Subias qui lui a monté la tête, et il pourrait tout aussi bien ne pas les aimer. Il la trouve géante (je crois qu'il en est convaincu). J'ai repensé à

Cadaqués. Oh ! Cadaqués ! Cadaqués ! si beau, et si blanc, et si bleu. Je revois chaque tableau comme une série d'impressions qui me touchent profondément. Cimetières bleus et libres sans l'arrière-goût amer d'une leçon de physique ! Dans mes pauvres tableaux, mes chers tableaux, je vois, je me rappelle ces matins et ces après-midi à la luminosité exquise, cette souffrance, ce sensualisme de la souffrance, et les yeux de cette fille qui m'épiaient chaque soir à l'heure où les grillons chantent. Oh, je m'arrête car ce serait interminable !

Après-midi, football. Plus tard, elle. Je suis allé la retrouver. J'ai été libéré de Guatxindango, car il était invité au théâtre. Il y avait beaucoup de filles. Estela et Emília, si belles, étaient là aussi. L'arbitre a sifflé la fin du match. Lorsque le crépuscule a commencé doucement à tomber, je suis rentré goûter. Et tout en trempant le longuet dans mon verre de lait, j'ai pensé que ce serait fantastique de faire un voyage en Italie. Ce matin, on a parlé avec mon père des bateaux de M. Pont[342], qui partent souvent pour l'Italie. Ce monsieur a des dettes envers mon père, il suffirait de le lui demander. Ce serait fantastique de sortir de Cadaqués par un matin bleu sur un bateau aux voiles gonflées et jaunes de soleil, une nuit sur le pont à regarder les étoiles et le chant des vagues. En fin d'après-midi, dans les rougeoiements du couchant, on entrerait dans le port de Rome, colossal ! Et aussitôt on a commencé à en parler à ma mère et on a essayé de la convaincre que ce projet était possible et peu coûteux. Elle m'a écouté et elle a ri, avec incrédulité. Tu fais toujours des projets en l'air !

Je suis sorti. Nuit bleue. J'ai rencontré Subias sur la Rambla. Écoute, on doit aller en Italie. Très bien ! J'accepte ! Mais au fait, c'est quoi au juste, cette affaire ? Tu verras, on n'a qu'à monter au Liceo[343] et on discutera. D'accord !

Il a retiré son pardessus. Nous avons approché deux fauteuils du balcon qui surplombe la Rambla. Peut-être que ce serait plus sympa si on éteignait les lumières? Oui, si tu veux. Le Liceo est une ancienne maison de maître fantastique, convertie actuellement en une société de porcs, c'est-à-dire d'aristos, de militaires, et autres sales bêtes... Elle est déserte, ils sont tous à la salle de jeux (naturellement!).

On a commencé à parler de ce voyage en Italie comme si c'était une chose certaine. On devrait emporter un Rubén Darío pour le voyage et on a discuté pour savoir si on allait prendre *Azul* ou *Cantos de vida y esperanza.* Les feuilles de la Rambla tombaient sur les bancs et le sol. Là-bas, derrière les Maristes, la lune ressemblait à une pâle tranche de melon. Les passants traversaient la place et achetaient des châtaignes. Nos visages sont devenus tout verts à la lumière d'un réverbère qui venait juste de s'allumer près de notre balcon.

Plus tard, avec lui et elles, nous sommes sortis de la ville par des rues étranges. Sous les étoiles, je la trouve splendide. Cela fait déjà quelques jours que l'« homme à la petite échelle » me salue avec son rictus archaïque.

Lundi 8, mardi 9, mercredi 10,
jeudi 11, jusqu'au dimanche 14 novembre

Les arbres, magnifiques, tout rouges et dorés. Feuilles, feuilles et souvenirs sous les étoiles. Paroles hésitantes sous les arbres. Les après-midi, chez Gallego, on conjugue la forme périphrastique du verbe avoir : j'aurais eu, tu aurais eu... Quand je sors, c'est le crépuscule. Un forgeron au visage rougeoyant frappe le fer incandescent. La carriole du lait, la bonne aux yeux noirs qui descend chercher son lait, un sourire du laitier, qui se perd au coin de la rue tapissée de réclames de la Maison Puig Paris[344] et du cinéma Garida et Edison. Plus loin, la fumée d'une vendeuse de châtaignes. Des gens qui passent. Des hommes qui font la queue devant les débits de tabac. Et une incertitude doucement vague, qui teint en bleu toutes les choses. Juste derrière le vélum de l'hôpital, une constellation. En bas, parmi les ombres, un éclopé et un chien qui pisse contre un mur… Quand je passe devant la Rambla, la silhouette des grands platanes et les lignes classiques des monuments derrière un ciel pâle… Dans la rue Monturiol, le Jijonero, toujours identique. Et au bout du parcours, le palmier telle une silhouette orientale. Un « David » passe en soulevant un nuage de poussière.

Wrangel[345], le nouveau bandit subventionné par les Alliés, et surtout par la France, a été vaincu. Il ne reste seulement que quelques bandes qu'il sera facile de disperser. Il a fui avec une partie de son gouvernement. Les navires français aident à l'évacuation de la Crimée. En voilà un autre qui a valsé !

Ce qui se passe en Russie est le plus héroïque et le plus sublime de l'histoire. Ils meurent de faim, mais ils vainquent et se font respecter. Vous, ouvriers d'Occident et du monde, que faites-vous ? Je ne vous vois pas. Où êtes-vous !?

En Ibérie, rien de nouveau. Quand il y a quelque chose de nouveau, c'est pire qu'avant.

Lire une lettre d'elle sous les voûtes et lui répondre avec une émotion automnale.

Dimanche 14 novembre

Je me suis levé tard. Une journée pleine de soleil et de cobalt. Une joie étrange. Un bossu qui faisait sauter un chien; un représentant de commerce aux cheveux brillants de cosmétique; une moto; sur la Rambla les gens discutaient allègrement. J'ai rencontré Guatxindango et nous sommes allés à la messe de midi…

L'après-midi, rendez-vous annuel. Tout l'amour que j'ai à montrer mes tableaux que j'aime tant! Après le déjeuner, je les ai chargés sur mon dos et je les ai transportés à grand-peine. J'ai frappé. Quelqu'un a ouvert. J'ai demandé le maître[346]. Son épouse est partie le chercher. Elle était très grosse, mais elle a dû être un jour une splendide Italienne, comme l'attestent ses beaux yeux… J'imagine le maître, à l'âge des illusions, traversant les rues de Rome au clair de lune pour aller la rejoindre… Il devait… Mais le roman que ma fantaisie ébauche s'achève. Il arrive. Je le salue. Ses vêtements d'intérieur sont de qualité. Mais ils sont tout élimés aux coudes et aux fesses. J'entre dans une salle, ou un atelier, qui n'a rien de particulier, qui semble n'être surtout pas celle d'un homme de goût. Il y a beaucoup de toiles à lui vraiment indécentes. Pas de couleur, rien. Une calamité. Je fais nettement mieux! C'est certain! Il est néanmoins très discret et résume ce que j'en pense. Il fait cela juste pour passer le temps. C'est avant tout un très bon graveur et il a un tempérament d'artiste. Ce qui ne veut pas dire qu'il le soit.

J'ai commencé à lui montrer mes œuvres. Il y a trouvé de la fantaisie et il est devenu de plus en plus enthousiaste. Certaines lui ont beaucoup plu. Il a dit qu'avec un tel coup de pinceau il fallait que j'abandonne tout et que je me consacre pleinement à la peinture. Puis il s'est plaint amèrement… Si mon fils avait vos dispositions, ou même la moitié, le tiers! Lorsque je verrai votre père, je lui dirai qu'il ne fasse pas de bêtises, les livres à la poubelle! Travailler, travailler… beaucoup, beaucoup… Vous possédez une vision de la couleur tout à fait admirable — et je pense aux bohémiens[347] (Vous y arriverez, avec mon aide, bien sûr) — puis il m'a dit qu'il parlerait de moi à des gens du milieu de l'art à Madrid, qui sauront me comprendre. Les paroles du maître m'ont donné du courage. Elles ne me donnent pas d'espoir ni d'illusions, car j'ai déjà tout cela... Néanmoins je lui en sais gré. J'ai remis mes tableaux sur mon dos et il m'a raccompagné. J'ai pris un réel plaisir à admirer vos œuvres. Je vous félicite sincèrement. Si, si... Elles m'ont beaucoup plu. Et comme je n'avais plus de main disponible pour remettre mon chapeau, c'est lui qui me l'a mis sur la tête. En descendant l'escalier, il a glissé et m'a couvert un œil. Mais comme je ne pouvais pas le remonter j'ai marché dans la rue ainsi, attirant tous les regards sur moi. Dès que je suis rentré, j'en ai parlé à mes parents en leur disant bien ce que le maître m'avait dit sur les livres. Il ne manquait plus qu'il te mette ces idées en tête, celui-là !

Avec ma tante et Guatxindango nous sommes allés au foot... Puis nous avons goûté. Plus tard, à la nuit tombée, avec celui-ci, nous avons pris le chemin du château. Nous avons évoqué des souvenirs, ou plutôt : j'ai évoqué des souvenirs, qu'il approuvait d'un signe de tête, toujours le même, et d'une exclamation du genre : Ah oui, bien sûr ! Je me souviens de Cadaqués ! Cadaqués, quel charme étrange a pour moi ce nom ! C'est cela vivre, quelle liberté ! Quels crépuscules ! Tu te souviens de ces nuits si pâles ? Le village n'était-il pas délicat, vu du Pianc[348] ? Si, si, bien sûr ! Tu vois là, cette étoile, ce serait le phare de Nans[349] ; cette lumière jaune, la maison Pichot[350], ici la nôtre ; là, il y aurait la mer, et son murmure ; il y aurait une petite goélette dormant sur les eaux calmes et l'on entendrait le chant vague d'un marin... Oui, oui ! bien sûr ! répondait-il machinalement... Et cette nuit où nous sommes allés pêcher au pharillon, nous chantions, vent en poupe, la voile gonflée et la lumière du crépuscule enveloppant tout. Et la petite Andrea, tu t'en souviens, les étoiles vacillaient dans ses yeux. Qu'il était beau ce ciel étoilé ! Parfois une étoile filait et nous regrettions aussitôt de n'avoir pas fait de vœu. Plus tard, quand la lune apparaissait, son visage était encore plus pâle, encore plus beau. Puis l'aube et le chant des premiers coqs... Oui, oui, bien sûr, cette nuit était très belle !...

Sans même nous en rendre compte, nous avons descendu la Nouvelle Promenade et nous avons marché dans les rues adjacentes. Je ne sais rien de la leçon de physique et demain on m'interrogera peut-être. Je pense : quelle vie ennuyeuse comparée à celle, si bleue... près de la Méditerranée !

Mes divagations semblent le tirer de sa léthargie et, chose étrange, il commence à me raconter des choses sur sa vie. C'est la première fois que je l'entends parler ainsi, et je trouve ça plutôt intéressant. Plus tard, avec elles, assis sur un banc. Il s'ennuyait beaucoup et s'est presque endormi. Sala est arrivé et a cherché à entamer la conversation avec lui. Les feuilles tombaient, sans cesse, tout paraissait d'or, couleur lie-de-vin. Palet a laissé tomber sa copine depuis quelques jours déjà, il ne la salue même plus, il s'en est fatigué ! J'ai bien vu qu'elle était triste sous le ciel gris des matins d'automne, dans ses yeux, de la mélancolie... les feuilles tombaient des arbres. Il en a parlé en riant, rien, il ne s'en souvenait même plus, une simple aventure...

Samedi 20 novembre

Des feuilles, des feuilles et une étrange tristesse. Peius est mort dans la pauvreté. Peius Gener[351]. Le philosophe, le Voltaire catalan. L'homme qui a porté l'Europe en Catalogne, l'homme des « cent conseils du Conseil de Cent ». Quelques amis derrière le cercueil, et des feuilles.

Les jours se succèdent, semblables. La peur et l'angoisse de la leçon du lendemain. Mais chaque mardi, je ressens une joie étrange : c'est le jour où *El Sol* publie l'article de Wells. C'est une curiosité inquiète que j'éprouve à connaître les événements de Russie. Car c'est la seule nation où semblent s'ouvrir une voie, un espoir, une vie plus rationnelle, plus humaine que l'actuelle. C'est pourquoi je ressens une grande joie à lire des choses vraies sur la Russie, qui est une montagne d'espoir, pour tous les hommes discrets qui restent encore pris dans la machine infernale et absurde de l'organisation actuelle.

Dimanche 21 novembre

Le dimanche est arrivé. Dans le ciel gris, très triste, il y avait un air froid. Je suis allé au foot avec ma tante. Puis chez Cusí. Quand on est sorti, il était déjà tard et la Rambla était déserte. (Je suis allé chez le coiffeur.)

Samedi 27 novembre

Une autre semaine s'est écoulée. Les arbres plus transparents. Les feuilles qui restent, plus rouges lorsque le soleil les dore, mais il ne s'est presque pas montré. Il a fait une semaine de brouillard et de pluie. Il fait très froid et l'eau tombe glacée d'un ciel gris sans expression. M. Subias[352] (professeur de psychologie) n'est pas venu à cause du temps, mais il a fallu aller chez M. Soler, à quatre heures, et à cinq heures il faisait presque nuit. On est sorti de chez M. Gallego (on a bien ri) et je suis allé au lycée. Tramontane froide. La pluie rebondissait sur mon visage. Les réverbères se sont allumés et les arbres se pliaient, presque nus…

Nuit, ombres étranges de tempête, nous sommes entrés en classe. Lumière électrique, mais jaune, et très faible. Dans les coins, des ombres poussiéreuses. Dehors, le hurlement du vent et le clapotis de la pluie. C'est la veille et le sommeil… choses étranges… plaisanteries inattendues de la part de Marin[353], naïveté de Marull et quelques bons mots de Met et de Bosch. Torres a souri avec un brin de scepticisme par-dessus mon manteau. Soler a plissé son front et parfois nous avons ri démesurément… Moments d'inquiétude quand on a entendu la pluie tomber. Soler a posé des questions, êtes-vous heureux ? Quel est votre idéal ? À quoi pensez-vous le plus souvent ? On a réfléchi longtemps sur tous ces sujets… Pensez-vous que je sois heureux ? a-t-il dit en s'adressant à Marin, sur un ton faussement joyeux. Non, monsieur, vous êtes un minable. Son visage est devenu livide, ses lèvres se sont contractées amèrement, mais il a fait comme s'il n'avait rien entendu. Il a posé une autre question. Puis, finalement, sans écouter les arguments des élèves, il s'est levé et s'est mis à parler avec une sincérité surprenante, comme s'il cherchait à se tourmenter lui-même. Marin a vu juste, je ne ferai jamais rien de bon car je suis un feignant… un vrai feignant. Mais très vite, par autosuggestion, il s'est cherché des circonstances atténuantes. Je suis anéanti. C'est à cause de cette ville, il n'y a pas d'ambiance ici, tout y est vulgaire, et avec le temps on finit par entrer dans le moule… Il faut faire comme tout le monde et si on a le malheur de s'écarter du droit chemin, on vous traite de fou. C'est pourquoi certains d'entre nous sont malheureux (s'est-il exclamé étonné, les yeux brillants, prêt à se révolter). Non, non! Nous sommes supérieurs et nous ne succomberons pas, même si nous y perdons sur le plan matériel. Nous vivons dans un monde absurde où l'on n'apprécie que l'immédiateté, et nous sommes réduits au matériel, et je dois dire que moi aussi je me laisse emporter par le courant, je deviens égoïste, et pour tout dire cynique, effronté. Mon idéal c'est Peius, le philosophe. Je ne serai jamais rien parce que je suis trop paresseux, et parce que rien ne m'oblige à être quelque chose. Je me suis fait tout seul en puisant à droite et à gauche. Je suis un conglomérat... (Puis la confusion s'est accrue ; il s'est contredit, s'est rectifié, s'est mis à parler comme un désespéré, les yeux brillants d'espérance, mais il n'a pas tardé à défaillir...) Dehors il pleuvait, il pleuvait sans cesse.

C'était un cours très intéressant. J'ai plus appris aujourd'hui qu'en une semaine passée à entendre répéter les mêmes discours académiques et tomassiens, qui sont si soporifiques...

Il fait très froid, il pleut, c'est un vrai plaisir. Il pleut tellement que j'ai pris un jour de congé. Il y a eu des inondations. Le soleil commence à poindre. Il illumine les feuilles rouges qui ruissellent d'eau.

Dimanche 28 novembre

Encore un autre dimanche. Jour très gris à nouveau. Je lis un bouquin génial : les *Étapes esthétiques* de Raimon Caselles[354]. Il parle de Carrier, Puvis, Manet, Renoir, etc. Il m'a éclairé sur certaines choses et m'en a fait découvrir d'autres, ce qui est déjà beaucoup. À la messe, visage radieux de Manel[355], illuminé par les lumières vertes et rouges qui filtraient par les vitraux.

Des semaines, des semaines de grosse flemme. Les arbres sont tout à fait nus et les dernières feuilles tombent, emportées par le vent. Nous voilà déjà aux vacances de Noël ! Tout passe. L'ami Xirau est déjà là. Reig aussi. Il étudie l'architecture. Un parmi tant d'autres, un minable. Le temps passe, les dernières feuilles tombent. Bientôt ce sera Noël et les enfants attendront à nouveau les rois, ces rois qui leur feront penser aux paysages enneigés.

Je pensais reconstituer les impressions des dernières semaines passées. Elles ont été pleines d'émotion. Je ne sais pas par où commencer. J'essaye de ne retenir sur ces pages bien-aimées que l'essentiel, ce qui m'a le plus touché.

Onofroff

Affiches sur les murs. On en discutait depuis une semaine, puis on en a parlé au cours d'un souper ennuyeux, mais très vite ce qu'en a dit mon père m'a intéressé. Il s'agit d'hypnose. Il faut aller voir ça. Et on y est allé. Le lendemain, après le souper, nous nous sommes dirigés vers le cinéma Jardí. La salle était comble. Pour commencer, un navet. Quelques minutes d'entracte. Le temps de discuter de petits riens avec les copains.

Le rideau s'est levé sur le visage sympathique d'Onofroff[356]. Ce qui a dû provoquer sûrement le dédain de M. Bourge. C'est un nom suspect, et ça sent le Russe. Donc, comme je le disais, son visage est sympathique et il a plutôt l'air italien que russe.

Et nous avons passé des heures intéressantes. Il s'est

livré à des expériences grotesques avec des personnes du public. Mais certains n'étaient pas convaincus, ils ont prétendu que ces gens-là étaient complices, etc., etc. D'autres ont pris sa défense avec vigueur. C'est un sujet qui va nourrir les conversations de nos chers concitoyens pendant deux semaines. Le rideau est tombé, pluie d'applaudissements. Je suis parti, pas tout à fait convaincu. Je connais l'hypnose, j'y crois. La science l'a démontrée. Maintenant savoir si ce que fait ce monsieur est vrai ou pas, c'est déjà plus difficile. En proie au doute, nous avons quitté le grand cinéma. Air froid, nuit humide, dans le ciel des étoiles.

Naturellement, le lendemain, les lycéens ne parlaient que de ça. Palet a proposé qu'une délégation aille lui demander de venir nous faire une séance plus intime. Il a dit qu'au Chili il avait accepté. On peut toujours essayer. Et donc Sala, Palet et quelques autres s'en sont occupés. Onofroff a dit qu'il viendrait (pas de leçon pour demain, un après-midi sans ouvrir la physique). On est allé au Sport. On nous a prêté la salle, on a commandé un lunch (un apéritif, en fait). On est allé inviter les professeurs, et on a mis la main aux derniers préparatifs. C'était le crépuscule. Presque la nuit. Tout était bleu. Une lumière jaune illuminait la grande horloge de la Rambla.

Il était cinq heures. L'heure convenue. On est allé au Sport. Comme par enchantement, tout le monde était au courant. Quand nous sommes entrés, la salle était pleine d'adhérents, de filles, etc. Carme était là aussi. Tout le monde s'est assis. Onofroff est arrivé. Maintenant c'était sûr, il ne pouvait jouer la comédie; un silence plein d'expectation s'est produit dans la salle.

Il a souri avec son air affable, ses cheveux sympathiquement blancs. Son accent étranger a rompu le silence… Il a exécuté quelques tours de suggestion, de transmission de pensée, etc., admirables. Ils étaient nombreux à vouloir participer. Dans le numéro « de divertissement » Palet a été hypnotisé (tout le monde y a cru). Et maintenant vous allez offrir cette fleur à la jeune fille de votre choix, celle qui vous plaît, qui vous inspire de la sympathie… Allez-y… Et tout en disant cela, il lui a mis un mouchoir dans la main. Et le somnambule s'est avancé d'un pas incertain, tel un fantôme (grand suspense). Il s'est dirigé vers Carme, il a hésité, mais il ne s'est pas penché vers elle. Il s'est mis à genoux, comme on lui avait ordonné, et il lui a tendu le mouchoir. Elle ne voyait rien. Elle était rouge et pleurait presque de honte.

Plus tard, Palet a dit qu'il était allé vers elle de sa propre volonté. Mais la coïncidence est trop énorme. Des moments d'émotion intense pour ceux qui étaient dans le secret de ces amours ! (Je plaisante[357].)

Il a été très applaudi. Ensuite, coupes de champagne, douceurs, des lèvres rouges parlant avec des filles aux tresses blondes. Toasts et grandes discussions. J'ai senti ma tête s'embuer et le feu me brûler les joues. Puis les gens ont commencé à partir. Des lycéens, en petits groupes, sont restés. Margarita Serra[358] a joué discrètement quelques notes d'Albéniz, de Granados… de petits numéros de parodie musicale. Je lui parle avec les yeux, et elle me répond du regard. Un jour différent, spécial, qui rompt la monotonie des formules de physique et des cours interminables de psychologie.

Décembre

Une brique de Nogués[359]*. Un jour à la campagne*

Journée très sereine. On ne savait guère nos leçons. Avec Lenti, notre pittoresque professeur et ami, on a regardé des gravures gothiques qu'il a trouvées toutes poussiéreuses dans la bibliothèque. Eixarch, le directeur, est entré et a offert un livre à Soler. Moi je suis trop vieux et, à la bibliothèque, personne n'en ferait cas, vous êtes jeune, ça pourra vous servir, il y a des étymologies très utiles. J'accepte avec plaisir. Merci, je vous remercie infiniment, merci encore ! Et le vieux professeur est parti lentement. Que fait-on ? m'a-t-il dit. La journée était splendide. On avait la flemme d'entrer dans la salle de cours humide. Je lui ai répondu : Vaudrait mieux aller en promenade. Aussitôt dit, aussitôt fait. Il faisait un peu frais, mais le soleil était resplendissant. Le paysage automnal. Les arbres jaunes. Le Canigou enneigé. Des champs, des oliveraies, des oiseaux. Nature, comme tu es belle, il y a si longtemps que je n'ai pu te savourer ! C'est vrai que la vie n'est que contraste. Les choses sont belles par opposition à celles qui sont laides. Je n'ai jamais autant admiré Cadaqués que dans les salles de cours poussiéreuses, les jours gris, lorsque la pluie tombe et que le professeur explique la physique, les théorèmes…

Avec Soler, on a parlé de politique. Les syndicats voulaient participer aux élections ! Layret était l'âme des masses ouvrières. Alors, le gouvernement, de manière très démocratique, l'a fait assassiner[360] (je crois l'avoir déjà dit). Les autres meneurs, exilés. Les libéraux trouvent cela très normal ; oui, tout à fait normal, et surtout libéral. Emprisonner, assassiner ceux qui ne pensent pas comme eux. Alors, quand on sera sous une dictature rouge, on n'aura pas le droit de protester contre les excès des « commissions extraordinaires* ». Et on a discuté ainsi, les yeux brûlants de rage et de révolte, derrière les lycéens qui nous distançaient.

Ils couraient, se poursuivaient, riaient de manière grotesque, entre les agaves. Les oiseaux poussaient des cris perçants, et tout près un ruisseau courait dans le sous-bois doré. Qui pensait à retourner au lycée ? On y pensait tous, mais avec amertume. On est arrivé à Vilafant et il était trop tard pour faire demi-tour. Voilà, on pouvait passer la matinée à la campagne. On rentrera à l'heure du déjeuner. Grande joie. Toutes les craintes à propos de la leçon non apprise s'évanouissent. Bleu du matin inondé de soleil. Joie, joie ! Ciel ! On va à Borrassà[361] ? Oui, oui ! À Borrassà ! À Borrassà ! On a aussitôt emprunté un chemin jaune de soleil. De part et d'autre, des oliviers argentés et des nuages mauves.

On a cheminé, encore et encore. On a beaucoup ri, on a parlé, le soleil était ardent. Borrassà ! Nous y

---

*. Comités chargés de la politique de terreur dans la Russie des soviets. (*N.d.A*)

sommes. On verra bientôt des oliveraies argentées, des clochers, de petites maisons blanches, des toits couverts de mousse. Nous y sommes ! Des rues sales, pleines de boue. À notre passage, les oies prennent la fuite en criant. Leur blancheur contraste sur un fond ocre et de fumier, un porc. Les mêmes chiens, qui aboient. Le même patron, la même patronne, qui essayent de les faire taire. N'ayez pas peur, il est très gentil. Le balcon, rempli de maïs cadmium, qui attend de dorer au soleil, comme une toile de Mir. Le cobalt du ciel derrière les toits. L'étrange procession défile. Soler au milieu, moi sur le côté avec mon large chapeau, mes favoris, la lavallière et le pardessus jeté sur les épaules comme une cape. Derrière, les autres, qui rient avec les filles. Des chardonnerets chantent dans une cage, des bœufs pensifs passent et une vache nous lance un regard triste. Ils marchent avec une majesté de philosophe. Et comme il échoit à un groupe de lycéens, personnes cultivées s'il en est (mais en fait par pur instinct), on met le cap sur l'église. Près de celle-ci, le cimetière, avec quelques casiers superposés comme si l'espace manquait, des croix de guingois sur une mauvaise herbe rare, des mauves de couleur vive, un cyprès et du ciel à volonté. Le clocher est moderne, de construction récente. La façade, elle, est jaunie par le temps et, sous le soleil, elle semble dorée, d'un vieil or de retable gothique, avec des anges sans nez, des ornements très naïfs, le tout anobli par la main du temps. Un garçon nous ouvre le portail de l'église et nous déambulons dans l'espace où règne une fraîcheur réparatrice, une fraîcheur de garde-manger. On n'a jamais autant de blagues à raconter que dans une église, jamais elles ne sont aussi bonnes. J'en ai souvent fait l'expérience. Je ne sais à quoi c'est dû, peut-être à la fraîcheur, ou à ce bien-être (surtout par temps chaud) qui fait entrevoir le paradis et, tandis que les mères de famille récitent un Notre-Père avec une dévotion douteuse, on éclate de rire. En plus, l'intérieur n'a rien de spécial : des saints en plâtre, des colonnes en carton-pâte, des peintures en trompe l'œil. Entre-temps, le gars qui est parti chercher les clés pour monter au clocher est revenu. Nous y montons. Pour cela, nous empruntons un escalier en colimaçon interminable, qui finit par nous donner le tournis. Nombreux sont ceux qui sont pris de vertige. Cris, éclats de voix, obscurité complète. Et après avoir foulé des marches et des marches, la lumière, le soleil, le ciel, les oiseauauaux ! Oh, quelle douche de soleil et d'air ! Quelle belle clarté après ces minutes d'obscurité ! Et l'idée des contrastes revient à mon imagination. Il nous est tant donné à voir, dans un premier temps, que l'on ne voit rien, que lumière et joie ! Puis nous distinguons, si, si, le Canigou, blanc et bleu, les champs d'oliviers, les cadmiums des chemins, les rouges des champs labourés. Le ciel bleu, au-dessus de nos têtes, devient plus pâle en se rapprochant des montagnes, à l'horizon : un léger violet, un mauve clair, et au ras du sol, au loin, un rose tremblé, qui se confond avec les montagnes grenat. Les maisons jaunes de mille villages au clocher entouré d'oliviers. Figueres, le plus grand de tous (oui, la ville de Figueres !). La mer ? Oui, la mer ! Une ligne d'un bleu lumineux, la Méditerranée... Une voile jaune ! Oh, mer ! Mer ! Mer ! Meeeeer !

Arbres d'or, incendiés de soleil. Au-dessous, le village, tout le village, vu de dessus comme une maquette. Quel matin ! Si on pouvait on ne repartirait jamais ! Jamais ! Oh, nature, je t'avais peut-être oubliée. C'est la faute à la physique. Mais non, pas le moins du monde, je ne l'avais pas oubliée : détachant mon regard des formules de physique, je voyais les montagnes de Sant Pere s'embraser des couleurs du couchant. En pensant à toi, à Cadaqués, à la mer, mes yeux s'embuaient de souvenirs et d'illusions inassouvies de ciel bleu et de chant des vagues !

On est descendu. Mes copains voulaient compter les marches ! Obscurité, on les compte : un, deux, trois, quatre, cinq, six, sept, huit, neuf, dix, onze, douze, treize... Puis les voix se perdent, ils vont trop vite. C'est pourquoi on ne les entend plus. À nouveau cette fraîcheur de garde-manger, et ces envies de rire. Quelques pièces de cuivre sur la main du garçon. Merci beaucoup. On ferme le grand portail du temple. Le soleil, à nouveau.

Que fait-on ? Il est tard. Nous n'arriverons pas à temps à Figueres pour le déjeuner. Il fait très chaud. Tout le monde pense à ce qui va suivre. Que fait-on ? Tout le monde est resté indécis, on était tous planté au milieu de la place du village. Un passant nous a regardés, étonné. La majorité de ceux qui voulaient rester a augmenté. On a décidé à la quasi-unanimité de manger sur place. Mais Palet et un autre voulaient rentrer à Figueres. Puis à la fin Palet est resté seul. On est allé dans une sorte de taverne, d'auberge. On a téléphoné à nos parents. À présent il fallait trouver une bicyclette pour Palet, pour le retour. Pardi ! Grau[362] lui prêtera la sienne, a dit Soler. Nous sommes allés chez Grau, Palet et moi (sur ce, mille petits événements pittoresques que je n'ai pas le temps de raconter ont eu lieu). C'est une maison de maître, grande, bruyante, où le claquement d'une porte résonne longtemps dans les coins des grandes pièces ; qui se complaisent à le distendre jusqu'à ce qu'il se perde et se fonde ; et alors, c'est le silence le plus solennel. Nous entrons, nous devons attendre. Monsieur n'est pas encore levé. Hier il s'est couché à trois heures (c'est la fête au village). Ne vous dérangez pas, ça ne fait rien, nous reviendrons.

Mais en voilà des façons ! Entrez, allez, il est l'heure de se lever. Entrez, je vous en prie ! etc., etc., etc.

C'est une grande pièce, blanchie, enlaidie de manière absurde par des toiles peintes par la fille de la maison (je le suppose), et qui ont été retouchées par le professeur, la religieuse du collège, car il est certain que la religieuse y a mis sa main, surtout dans le petit arbre, la rivière et les oies. La porte grince. Ah ! C'est elle ! C'est la fille, dix-sept ans, grande, mince (un peu), talons hauts, une robe d'intérieur bleue (un négligé), des yeux bleus (c'est surtout ses yeux qui attirent l'attention quand elle vient à Figueres). Elle est très vulgaire, rien d'extraordinaire.

Salutations, attentions, salutations exagérément aimables. Présentations. Un moment de silence. Un morceau de conversation soporifique. La raison de notre visite. Le temps. La chaleur (silence). La fête du village (silence, silence). Chercher quelque chose à dire et ne rien trouver (silence). Palet, alors, oui, oui… Lenti… oui… Elle… oui… moi… c'est sûr ! Et Lenti alors… Belle journée, n'est-ce pas ? À nouveau un laps de temps, vite épuisé… Il se fait tard et le temps est interminable. Lenti veut être original. Mais elle ne le comprend pas du tout et préfère se taire. Il arrive enfin. Salut ! Comment ça va… et alors ? Vous allez bien ? C'est lui, Grau, les yeux gonflés de sommeil, la démarche paresseuse. On lui explique l'histoire de la bicyclette (et comme c'était à craindre), mince ! je ne l'ai pas là, peut-être que Quimet[363] aura la sienne. Peut-être. On peut essayer. Il vient avec nous. Au revoir. Sourire forcé de la fille. Au revoir et excusez-nous. Mais je vous en prie (air contrarié, suivi d'un sourire).

Si ça se trouve, Quimet n'aura pas sa bicyclette non plus. Eh bien si, il l'a et juste à côté. Et Palet peut enfin rentrer à Figueres. Les copains font une partie de jeu de paume avec des raquettes empruntées au bureau de tabac. Ils courent, ils crient, c'est une note de joie et de mouvement.

Pendant ce temps, avec des amis de Soler, on fait un cercle et on discute. Les filles sont très occupées à parler et le ciel est très bleu. Élections, femmes, frivolités. Le riz, puis la farce. Mince, mince, on va nous refiler les restes de la fête du village : les carcasses de canard. Lenti le craint lui aussi. Mais l'auberge où nous devons aller est de confiance. Je crois que le mieux ce sont les omelettes et les côtelettes. On ne peut pas tricher avec ça. Nous y allons. Il faut attendre une petite demi-heure. Tous les copains, fatigués, arrivent en courant. Ils se désaltèrent, assoiffés. Torres et moi avons pris la précaution d'acheter de l'eau minérale. J'ai peur d'attraper le typhus avec l'eau du puits (la vie est belle et pittoresque). Très bien, nous partons nous promener alors. Nous serons là dans une demi-heure approximativement. Une petite demi-heure ; dès que vous reviendrez, nous mettrons le riz à cuire. (Tous ensemble :) C'est cela. À tout à l'heure. Salut. Chemin vicinal. Soleil, beaucoup de soleil. Champs d'oliviers, le Canigou tout enneigé, comme d'argent. Dindons criards. C'est un chant de couleur et de lumière. Ils s'enfuient vers l'arrière du terrain, rouges de soleil. Rouge, la barretine de l'ancêtre, courbé, et lumière, lumière, dans la nature, dans le cœur et dans le parler.

Nous sommes à table. C'est fantastique. On dirait une toile de Domingo. La longue table, avec les verres, transparence du verre, le bleu de la nappe, le rouge des visages et des épis de maïs sur le balcon d'en face, un balcon plein d'épis rouges de soleil, des oiseaux qui chantent, non, qui crient, tout en volant. Le blanc des murs blanchis, la salle doucement envahie par la fumée violette de ces trois hommes qui passent leur dimanche après-midi à jouer aux cartes. Près du balcon, nous voyons comment les épis s'embrasent peu à peu, au fur et à mesure que le soleil descend derrière les derniers oliviers. Ils ont l'air satisfaits. Est-ce que les personnages (...) boivent réellement? Peut-être bien. Peut-être une âme d'artiste se cache-t-elle en eux... Je pense à la sobriété. Faut-il se limiter? ou ne pas se limiter? Ah, mangeons, mangeons.

C'est une femme brune, aux manches retroussées et aux bras rouges comme les épis de maïs, et au bout des bras, des mains couvertes d'engelures; et sur les mains, un plat à la propreté incertaine; et sur les mains, les engelures et le plat à la propreté incertaine, un riz à l'authenticité douteuse, qui rappelle la fête du village et, qui dit fête du village, dit bave incrustée sur les os pas tout à fait décharnés; et au-dessus du riz, des engelures, du plat et des bras aussi rouges que les épis de maïs du balcon, il y a la faim, une faim qui ne se préoccupe ni des gens ni des engelures, une faim sincère avec toutes les caractéristiques d'une loi.

Et tout le monde s'empiffre, silencieux, comme des prêtres qui officient. C'est magnifique, surtout après les premières bouchées, de voir la table, où tout le monde est sérieux et occupé, dans le grand miroir, incliné sur le mur, qui, déformant les visages, leur donne un aspect grotesque et originalement beau. Tiens, regarde ça dans le miroir, les épis flamboyants de soleil et déformés comme des serpents, on dirait un feu, une flambée. Est-ce que c'est bien ainsi, ou est-ce le vin qui commence à me griser ? Je ne sais pas vraiment. Je bois beaucoup et les autres en font autant, à la puissance cinq. La faim rassasiée, le sensualisme de la boisson disparaît, c'est inévitable et c'est écrit. Soler lutte néanmoins. Mais à peine s'est-il tourné pour limiter les excès d'un élève, voilà qu'un autre s'est enfilé une bouteille. Moi aussi, j'essaie d'aider Soler, de limiter les dégâts, quoique je ne sache plus où est le plafond. Et la maison s'anime peu à peu, quel plaisir ! Tout le monde crie. Le vin coule à flots, les côtelettes volent par-dessus les têtes, le brouhaha s'intensifie, un chahut monstre, la grande confusion augmente, tous les visages congestionnés, rouges, rouges comme les épis flamboyants de soleil du balcon d'en face qui ressemblent à des flammes, et le miroir, et le bruit des verres et des rires, et d'orgie et de couleur, et de ciel... Allégresse ! Tumulte ! Vin ! Rouge, bleu ! Reflet dans un verre, du rouge flamboyant, des épis du balcon d'en face, dorés par le soleil couchant.

Tout le monde crie, c'est un délire, et les épis s'embrasent, et le miroir déforme...

Notes

1. Le deuxième cahier, le premier dont nous disposons, mentionne cette date. Dans les pages précédentes on trouve des écrits d'un genre plus littéraire — gloses et poèmes —, que nous n'avons pas repris.

2. Après sa journée au lycée, Salvador Dalí assistait aux cours du soir de l'École municipale de dessin. Le directeur, Joan Núñez était aussi professeur au lycée de Figueres (au début, cette école était installée au rez-de-chaussée du lycée).

3. Ce personnage apparaît souvent sous ce même qualificatif. Nous n'avons pu l'identifier.

4. En réponse à de multiples grèves qui secouèrent les milieux ouvriers de Barcelone, la Fédération patronale menaça d'organiser un lock-out. Finalement celui-ci fut appliqué le lundi 3 novembre 1919. Cent quarante mille travailleurs furent touchés. Le 6 novembre, patrons et ouvriers créèrent une commission paritaire afin de trouver une solution au conflit.

5. Chez les Dalí on était abonné à *El Sol.* On lisait aussi *La Publicidad.* Celui-ci, comme d'autres journaux de Barcelone, cessèrent de paraître jusqu'au 13 novembre, jour de la fin du lock-out. *El Sol,* lui, parut irrégulièrement.

6. Josep Sans Ferré était professeur de mathématiques au lycée de Figueres. Il publia régulièrement des articles littéraires, sociaux, politiques et professionnels dans *La Veu de l'Empordà.*

7. Frederic Rahola Trèmols (1858-1919). Économiste, écrivain, homme politique. Grâce à son action il réussit à sortir Cadaqués de son isolement.

8. La Russie vivait une situation de guerre civile depuis le printemps 1918, moment où les forces antibolcheviks parvinrent à prendre le contrôle d'une bonne partie du territoire qui s'étend de la Volga à l'océan Pacifique. Vers le milieu de l'année 1919 elles lancèrent plusieurs offensives contre les principales villes contrôlées par les soviets : celle du général Ioudenitch à Petrograd, et celle de l'amiral Koltchak et du général Dénikine à Moscou.

9. Léon Trotski, commissaire du peuple à la guerre, organisa l'armée Rouge de 1918 à 1920. Dalí fit, à cette époque, un portrait de lui.

10. Dalí fut reçu à l'examen d'entrée au lycée de Figueres le 2 juin 1916. À l'automne il commença son année de baccalauréat. En même temps ses parents l'inscrivirent au Collège des frères maristes, afin de mettre toutes les chances de son côté. Jusqu'alors il n'avait été qu'un élève étonnamment médiocre. De quatre à six ans, contrairement aux enfants de sa classe sociale, le petit Salvador alla à l'école maternelle laïque dirigée par Esteban Trayter, et non à l'une des nombreuses écoles religieuses. Cela ne lui réussit pas et son père, renonçant à ses positions anticléricales, l'inscrivit dans une école plus en rapport avec son rang, le lycée hispano-français de l'Immaculée Conception, où le peintre apprit le français, qui lui fut d'une grande utilité tout au long de sa vie. Mais ses résultats scolaires ne furent guère meilleurs. Il lui fallut six ans pour faire les cours de huitième et de septième. Dans *Vie secrète* il fait allusion à ces années où il avait envie de « rester indéfiniment dans la même classe pendant que les autres font la course, animés par le seul désir avide de compétition ». À partir de son arrivée au lycée, Dalí obtint de meilleurs résultats, fruits d'une activité frénétique. Le matin il allait au lycée, l'après-midi chez les Frères, et le soir il assistait au cours de dessin. Les Frères maristes étaient installés à Figueres depuis 1910 au 23 de la Rambla.

11. Personnage non identifié.

12. Anna Estela était une camarade de l'École municipale de dessin.

13. Corpus Barga (Andrés García de la Barga ; Madrid 1887-Lima 1975) était journaliste et écrivain. Il était alors correspondant à Paris pour le journal *El Sol*. Dans un article intitulé « Un negro en un miting » (*El Sol*, 11 novembre 1919), il décrivit l'efferves-

cence révolutionnaire qui régnait à Paris et prédit que Jacques Sadoul serait élu député de Paris.

14. Jacques Sadoul (Paris 1881-1956) était membre d'une mission socialiste à Petrograd lorsque éclata la révolution d'octobre. Il se joignit aux révolutionnaires et devint inspecteur de l'armée Rouge. En France il fut condamné à mort mais il se présenta quand même aux élections. Contrairement à ce qu'avait prévu Corpus Barga, il ne fut pas élu.

15. Dans un article intitulé « Bolchevismo en Norteamérica », *El Sol* parle d'un complot dirigé par un nommé Guillermo Seatof, ex-chef de la police bolchevik de Petrograd (*El Sol*, 12 novembre 1919).

16. Après un arrêt des négociations le dimanche 9 novembre, la commission paritaire se réunit et parvient, le dimanche 12 novembre, à divers accords, appelés « bases », parmi lesquels l'acceptation de la proposition des syndicats de lever à la fois le lock-out et les grèves. Les accords de la commission sont ratifiés par le gouvernement et rendus publics le vendredi 14 novembre.

17. Nicolai Ioudenitch (1862-1933). Commandant de l'offensive blanche dans le Nord-Ouest pendant la guerre civile russe. Après avoir réorganisé les forces antibolcheviks dans la région baltique, il lance une attaque contre Petrograd (octobre 1919) alors qu'une autre offensive est lancée depuis le Sud. Mais l'armée Rouge stoppe son avancée non loin de Petrograd, l'obligeant à battre en retraite en Estonie (janvier 1920). Ioudenitch s'exile en France où il meurt à Saint-Laurent-du-Var.

18. La grève des imprimeurs priva les Français de quotidiens pendant de nombreuses semaines. *L'Humanité* étant l'organe du parti socialiste, les travailleurs n'en bloquèrent pas l'impression. Peu après, en 1920, lorsque le parti se scinda, le journal resta aux mains du parti majoritaire et devint l'organe du nouveau parti communiste français. En 1923, Dalí fit un collage avec son autoportrait et un morceau du journal (*Autoportrait avec* L'Humanité).

19. Corpus Barga publia un article intitulé « Paris en pleine campagne électorale » dans lequel il écrivit : « Sans nul doute Paris s'est russifié. Après la guerre, ces admirables Français vibrent comme des Russes, comme à leurs meilleurs moments. C'est la preuve qu'ils gardent intacts leurs germes de vitalité » (*El Sol*, 12 novembre 1919).

20. Julio Camba (1882-1962). Journaliste et écrivain. Le 2 novembre 1919, il publia dans *El Sol* un article intitulé « Concept d'humour » dans lequel il commentait un livre de Pío Baroja.

Celui-ci défendait la thèse que les Espagnols étaient tous de grands humoristes. Camba à son tour écrivit : « Je ne suis pas d'accord. Je pense que pour être un peuple d'humoristes nous ne sommes pas assez sérieux. »

21. Juan Núñez (1877-1963) était le directeur de l'École municipale de dessin. Il reçut une formation « académique » à l'École spéciale de peinture, de sculpture et de gravure, qui dépendait de l'Académie des beaux-arts de San Fernando de Madrid. Il y obtint une bourse afin de poursuivre ses études à l'Académie espagnole de Rome, où il vécut plusieurs années. Dalí reconnaît que c'est un passionné d'arts plastiques. Dès le début, Núñez remarqua Dalí parmi la centaine d'élèves qui composaient sa classe et l'invita à lui rendre visite chez lui. Là, écrit Dalí, « il m'expliquait les mystères du clair-obscur et des "tracés sauvages" (c'était l'expression qu'il employait) d'une gravure originale de Rembrandt qu'il possédait » (S. Dalí, *Vie secrète*).

22. Le vendredi 14 novembre, le lock-out est levé et les journaux paraissent à nouveau.

23. Antonio Maura occupait la fonction de Premier ministre durant la Semaine tragique de Barcelone (juillet 1909).

24. Le lycée de Figueres, aujourd'hui lycée Ramon Muntaner, est un des plus anciens de l'État espagnol. À son origine, en 1839, il était un collège d'Humanités, puis il se transforma en lycée en 1845.

25. August Pi i Sunyer faisait partie du noyau fédéral empourdanais (comme le notaire Salvador Dalí i Cusí, père du peintre). En tant que membre du parti républicain catalan, Pi Sunyer fut élu député de Figueres aux Cortes espagnoles entre 1916 et 1923. Le 16 novembre 1919 il revint d'un long voyage en Amérique du Sud, où il avait donné des cours et des conférences. Son retour fut fêté à Figueres.

26. Llúcia Gispert était la gouvernante des Dalí. Le peintre fait son portrait à plusieurs reprises, notamment un *Portrait de Llúcia,* à l'huile, de 1918. Anna Maria Dalí, la sœur du peintre, la décrit ainsi : « C'était une dame grande et grosse. Son visage rond semblait d'argile et respirait une grande bonté. Toute sa grâce et sa sympathie semblaient résider dans son énorme nez, que nous n'évoquons jamais sans affection. Le nez de Llúcia ! Elle personnalisait la patience et la bonne foi. Sous ce nez bien-aimé, il y avait une bouche qui souriait toujours » (A. M. Dalí, *Noves imatges de Salvador Dalí,* Barcelone, 1988). Dalí la décrit comme une dame

d'« une corpulence immense, semblable à un pape » (S. Dalí, *Vie secrète*).

27. Carles Costa Pujol (1865-1926). Journaliste et écrivain, ami intime du notaire Dalí. Il était directeur de *La Tribuna*, où il écrivit quelques articles enthousiastes sur le jeune peintre. Il collabora aussi à *La Publicidad*. Il traduisit en catalan des œuvres de théâtre de Henrik Ibsen ou de Gerhardt Hauptmann. Il écrivit lui-même plusieurs pièces.

28. La Rambla de Figueres est la promenade principale de la ville. Dans la partie basse on trouve la statue de Narcís Monturiol (inaugurée le 2 mai 1918), œuvre du sculpteur Enric Casanovas et de l'architecte Ricard Giralt.

29. « Chez Garida » est le nom populaire du grand théâtre El Jardín, un des premiers cinémas de Figueres. C'est aussi le surnom de son constructeur, l'homme d'affaires Pau Pagès. Le bâtiment, restauré et toujours en service, fut construit en 1916 par l'architecte Llorenç Ros.

30. Personnage non identifié.

31. Surnom de Salvador Seguí, chef de la délégation ouvrière à la commission paritaire.

32. Le dimanche 16 novembre 1919 : élections législatives en France, en Belgique et en Italie.

33. Les conditions de paix que la république des Soviets propose à l'Entente stipulent, entre autres, que les grandes puissances cessent d'intervenir militairement en Russie et lèvent le blocus (*La Vanguardia*, 15 novembre 1919).

34. Tout le week-end, la crainte d'une nouvelle fermeture des usines plane sur la ville. En fait, les patrons profitent de la fin du lock-out pour licencier les ouvriers gênants; ceux-ci répondent par de nouvelles grèves. Comme, de part et d'autre, on ne respecte pas les accords de la commission, les esprits s'échauffent.

35. Le Syndicat Unique est le nom donné à la nouvelle organisation adoptée par la CNT au congrès de Sants (juillet 1918). Les anciens syndicats ou sociétés ouvrières de métiers sont de ce fait abandonnés.

36. En France, une coalition des partis de droite met en déroute les socialistes unifiés et les radicaux-socialistes.

37. Ami de Dalí à l'École municipale de dessin.

38. En vertu des dispositions prises par la Fédération patronale et des accords établis par les ouvriers, toutes les usines ouvrirent leurs portes (excepté celles où persistaient de vieux conflits), le

lundi, aux premières du matin. La crainte d'un nouveau lock-out qui s'était propagée pendant le week-end s'évanouit. En général les patrons acceptèrent tous les ouvriers.

39. Alexandre Koltchak (1873-1920). Amiral russe, reconnu par les « blancs » comme le plus grand dirigeant russe. Chef des forces contre-révolutionnaires, installées à Omsk, il fut à l'origine, en novembre 1918, d'un coup d'État militaire qui lui donna les pleins pouvoirs. Lorsque Omsk tomba aux mains de l'armée Rouge, le 14 novembre 1919, Koltchak installa le quartier général à Irkutsk, où il fut exécuté par les bolcheviks.

40. Anton Dénikine (1872-1947). Il dirigea pendant la guerre civile l'« Armée volontaire » anticommuniste au sud de la Russie. En mai 1919, traversant l'Ukraine, il lança une grande offensive contre Moscou. Devant la résistance de l'armée Rouge, il fut obligé de battre en retraite. En avril 1920, il passa ses pouvoirs à Piotr Wrangel.

41. Le visage de Lénine deviendra une image obsédante pour Dalí, qu'il utilisera dans des œuvres comme *Hallucination partielle, Six Apparitions de Lénine sur un piano* (1931) ou *L'Énigme de Guillaume Tell* (1933). Ces représentations furent à l'origine de plusieurs escarmouches avec Breton, qui n'arrivait pas à comprendre le sens de ces portraits.

42. Salvador Dalí Cusí (1872-1950). Avocat et notaire. Il descendait d'une famille originaire de Llers, qui, au début du siècle, s'installa à Cadaqués. Puis il partit vivre avec son père, Galo Dalí Viñas, à Barcelone, où il étudia le droit. Il se maria avec Felipa Domènech Ferrés (1874-1921), avec qui il eut trois enfants : un premier fils qui mourut très jeune, Salvador, et une fille, Anna Maria. Le notaire Dalí était un homme aux idées « avancées », libérales, progressistes, proche de l'Union fédérale nationaliste républicaine. Mais cela ne l'empêchait pas d'avoir un fort mauvais caractère. C'est pourquoi ses rapports avec son fils furent souvent tumultueux. Dalí forgera plus tard à travers sa peinture, et notamment à travers la figure de Guillaume Tell, présent dans plusieurs tableaux, surtout au début de sa période surréaliste, le mythe du père destructeur et dévoreur. L'écrivain catalan Josep Pla parla de lui en ces termes : « Après une jeunesse passée à Barcelone, qui fut ambiguë sur le plan politique, il obtint une étude de notaire à Figueres. Il devint un touche-à-tout pédant et abrupt, même dans l'exercice de ses fonctions. À Figueres, ce républicain passa pour un fédéral ; mais en fait c'était un dinosaure. » Après la

guerre civile, « il devint un catholique fanatique, le plus grand des réactionnaires qu'il m'ait été donné de connaître. Un jour, à Cadaqués, il me dit : "Quand toute cette folie cessera, j'irai à la procession du Corpus, un cierge à la main." Puis, dans le potager, il ajouta : "Tous ces choux-fleurs, ne vous font-ils pas penser à l'existence de Dieu ?" » (J. Pla).

43. Les études de préceptive englobaient diverses connaissances sur la langue et peuvent être comparées à nos cours de grammaire.

44. Francesc Vergés Soler était professeur de préceptive et de latin au lycée.

45. Le stade des Ingénieurs fut un des premiers stades de football de Figueres. Situé dans la commune de Vilafant, il appartenait à l'armée, qui s'en servait pour les exercices de tir. La mairie y organisait des concours hippiques, des compétitions d'athlétisme et des meetings d'aviation.

46. Voir la note 80.

47. Jean Longuet (1876-1938). Dirigeant socialiste français, fils de Charles Longuet et de Jenny Marx. Représentant de l'aile centriste du parti, il perdit son fauteuil de député aux élections de novembre de 1919.

48. Luis Pérez Cruzado était professeur d'histoire et de géographie.

49. *La Vanguardia* cessa de paraître le 17 novembre à cause d'un conflit interne. Le journal fut à nouveau imprimé le 29 novembre.

50. Ces affrontements violents furent causés par les déclarations du président du Conseil Joaquín Sánchez de Toca, qui accusa La Cierva d'être complice des patrons catalans et de vouloir renverser son gouvernement.

51. Juan de la Cierva participa activement à la répression de la Semaine tragique de Barcelone, qui culmina avec la condamnation à mort et l'exécution de F. Ferrer i Guàrdia.

52. En 1919, Joaquín Sánchez de Toca était chef d'un gouvernement de coalition (libéraux, monarchistes, conservateurs) qui s'efforçait de trouver des compromis afin de durer — sans y parvenir.

53. Vendeuse de châtaignes très populaire à Figueres.

54. Le jeudi était — et est toujours — le jour du marché.

55. Ici se termine le deuxième cahier. Dalí, pour le clore, note l'inscription : « Fin du deuxième cahier de mes impressions et souvenirs intimes. »

56. Le troisième cahier s'ouvre par cette annotation : « Suite de mes impressions et souvenirs intimes. »

57. Joan Xirau Palau (1903-1976). Pharmacien. Après la guerre il s'exila avec sa famille au Mexique, où il enseigna la chimie à l'université de Michoacán de Morelia. Il devint moins connu que ses frères, le juriste Josep, le politicien Antoni et le philosophe Joaquim. Il fut un ami intime de Salvador Dalí pendant ses années de lycée. Le peintre fit son portrait dans le tableau *Baigneur* (1924). Xirau fit partie de la bande de camarades qui édita la revue *Studium*, de janvier à juin 1919. Les autres collaborateurs furent Ramon Reig, Joan Turró et Jaume Miravitlles. Dalí fit les illustrations et tint la chronique intitulée « Grands maîtres de la peinture », dans laquelle il écrivit sur Goya, le Greco, Dürer, Léonard de Vinci, Michel-Ange et Velázquez.

58. Le Théâtre Principal fut construit en 1850 par l'architecte Roca i Bros afin d'y accueillir des représentations lyriques — opéra, sarsuela, opérette, et des pièces dramatiques. En 1939, un incendie le ravagea, le mettant hors d'usage. C'est sur ses ruines qu'en 1974 Dalí fit édifier le Théâtre-Musée, qui porte son nom.

59. Nous n'avons pas retrouvé ce texte.

60. Dalí rendit un hommage à *La Publicidad* dans l'*Autoportrait cubiste,* une eau-forte sur carton de 1923, où apparaît, collé, un fragment de l'en-tête du journal.

61. Antoni Tayà appartenait à une vieille famille de négociants en bois, qui devinrent armateurs pendant la guerre. Il était propriétaire de *La Publicidad.*

62. Felip Eixarch Alberola était professeur de français et sous-directeur du lycée de Figueres. Lorsque le directeur Gabriel Alomar, écrivain et homme politique, fut élu député aux Cortes, il assuma les fonctions de ce dernier.

63. À la suite d'une interpellation sans importance, un affrontement mémorable opposa les députés qui soutenaient le gouvernement et les « ciervistes ». La chronique qui parut dans *La Publicidad* (22 novembre 1919) confirme ce qu'en dit Dalí, sans exagération.

64. L'écrivain et dramaturge Ignasi Iglésias était un ami de jeunesse du père de Dalí. Tous deux avaient les mêmes opinions politiques. En juin 1920, on présenta plusieurs de ses œuvres à Figueres et un groupe d'amis lui rendit hommage. Après le banquet donné en son honneur, le père de Dalí évoqua leur jeunesse et la carrière prometteuse de l'écrivain (*Empordà Federal,* 19 juin 1920).

65. Le Casino artisanal de Figueres fut fondé en 1856 afin de promouvoir la culture et les loisirs. Il servait de lieu de réunion aux commerçants et à la petite bourgeoisie. En 1904, on commença les travaux de construction du bâtiment actuel, au croisement des rues Ample et Peralada.

66. La presse annonçait la déroute de l'amiral Koltchak à Omsk. Un grand nombre d'officiers furent faits prisonniers et l'armée blanche fut passablement désorganisée.

67. Le libéral anglais David Lloyd George fut, parmi les hommes politiques européens, celui qui fit le plus d'effort pour normaliser les relations entre Alliés et pouvoir soviétique. Il dut, pour cela, faire face à son ministre de la Guerre, Winston Churchill, et au chef du gouvernement français, Georges Clemenceau, qui lui étaient opposés.

68. La grève des boulangers de Madrid débuta le vendredi 21 novembre. Elle s'étendit rapidement et souleva de violentes réactions ; de la part des grévistes d'abord, qui s'en prirent à leurs confrères qui continuaient à vendre du pain ; et de la part des clientes, lassées des queues interminables et infructueuses.

69. En fait, il s'agissait d'engins de faible puissance. Ces bombes étaient liées aux conflits sociaux qui persistaient dans certains secteurs (personnels de service, bars, restaurants, etc.).

70. Nous n'avons pas trouvé trace de cette couverture. À cette époque, Dalí réalisa plusieurs projets de ce type, avec des écrivains locaux, dont la série d'aquarelles qui illustrait une traduction de Léon-Paul Fargue.

71. Les Dalí vivaient au 20 rue de Monturiol. Anna Maria décrit ainsi ce que l'on pouvait voir depuis leur maison : « La véranda donnait sur une place grande et spacieuse, au fond de laquelle on apercevait un morceau du golfe de Roses, le palais Saverdera et les montagnes de Sant Pere de Roda. Cette place s'appelait la place de la Palmera [du Palmier], un palmier qui existe réellement, plus grand que la maison elle-même » (A. M. Dalí, *Noves imatges...*). Sur cette place se trouvait l'École des religieuses françaises que fréquentait Anna Maria, la sœur de Dalí. Cette école possédait une église avec un clocher, que Dalí peignit souvent. Dans ces compositions, on peut voir une fillette sautant à la corde, la position de son corps semblant être une réplique symétrique de la cloche (*Écho nostalgique* (1935) ou l'huile sur bois de 1936, *Environs de la ville paranoïco-critique : après-midi près de l'histoire européenne*, entre autres).

72. Le Pou et la Puce était un vieux couple très populaire à

Figueres — ils furent surnommés ainsi à cause de leur petite taille. Ils jouaient de l'orgue de Barbarie. Plus tard, Dalí leur rendit hommage en faisant une sculpture inspirée de l'orgue en question. On peut la voir au Théâtre-Musée de Figueres.

73. Claudi Díaz Pérez était un camarade de lycée de Dalí. Ils se retrouvèrent à la Résidence des étudiants de Madrid, où Pérez préparait son entrée à l'École d'ingénieurs. Doté d'une belle voix, celui-ci rivalisait avec García Lorca dans l'interprétation de chansons populaires (voir A. Rodrigo, *Lorca-Dalí. Una amistad traicionada*, Barcelone, 1981).

74. La crise sociale qui débuta à Barcelone s'étendit à toute l'Espagne. La grève des boulangers prit fin le 25 novembre, mais la solution qui y remédia — réquisition des services — fut ultérieurement à l'origine de nombreux conflits. Peu après, une grève générale secoua Saragosse et entraîna l'état de guerre, levé le 30 novembre. À Barcelone, le climat social se dégrada à nouveau. Les engins explosifs que mentionne Dalí, s'ils commirent peu de dégâts, visaient des cibles importantes. Des rumeurs de grève générale commencèrent à s'élever, tandis que les patrons agitaient la menace d'un lock-out.

75. En réalité, les syndicats optèrent pour des conflits partiels et non pour la grève générale annoncée. Le plus important de ces conflits toucha le secteur du bâtiment.

76. Surnom donné à un professeur des Frères maristes dont nous ignorons le nom.

77. À en croire la presse, les déclarations de Saborit au Congrès des députés étaient claires, mais moins enthousiastes que ne l'affirme Dalí.

78. Ramon Reig Coromines (1903-1963). Ami du lycée et du cours de dessin. Après des études à la Llotja de Barcelone, il se consacra à l'enseignement et à la peinture, plus particulièrement à l'aquarelle.

79. Il s'agit du château de Saint-Ferdinand à Figueres. Cette forteresse, construite sur le modèle de celles de Vauban, entre 1753 et 1766, était un lieu de promenade et de loisir, un lieu de rendez-vous pour la jeunesse.

80. Personnage mystérieux qui apparaît sporadiquement, et est généralement associé au « compagnon nocturne », dont nous ne savons rien.

81. Rafael Soler Grau était un ami du lycée. Nous ignorons pourquoi Dalí le qualifie de « rival ».

82. Nous ne savons pas pourquoi *El Sol* n'était pas disponible à Figueres. Il l'était à Madrid.

83. Les Dalí recevaient un troisième journal, mais nous ignorons lequel.

84. La semaine précédente, la rumeur avait couru que les entreprises fermeraient leur porte, mais ces fermetures n'eurent lieu que le 2 décembre. Pour les patrons, elles n'étaient que la continuation du précédent lock-out. Cette fois-ci, il fut général et toucha quelque 200 000 travailleurs. Le climat social de Barcelone n'en devint que plus tendu.

85. Le 2 décembre, une grève des typographes bloqua la parution de la plupart des journaux de Madrid, dont *El Sol.* Dalí craignait que les journaux de Barcelone, à cause du lock-out, ne subissent le même sort, comme ce fut le cas au début du mois de novembre, mais la Fédération patronale décida de maintenir l'activité de certains secteurs comme l'alimentation, la presse, etc.

86. Dans un champ, sur la route de la Verneda, cinq membres de la milice agressèrent Ramon Torrado Corucho. Celui-ci mourut le lendemain à l'hôpital de Figueres.

87. Suite aux dissensions qui surgirent au sein du Conseil des ministres le lundi 1er décembre, Sánchez Toca présenta sa démission au roi, qui la refusa.

88. On ne sait d'où Dalí tire cette affirmation ; probablement d'un journal. Rappelons que Trotski passa deux mois en Espagne à la fin de 1916. Il se rendit à Madrid, Cadix et Barcelone, avant de prendre le bateau pour New York. En fait, il fuyait la France et projetait de rejoindre les États-Unis. Pendant son séjour espagnol, il écrivit un journal, qui fut publié à Moscou en 1924, puis traduit en castillan par Andreu Nin, en 1929, sous le titre *Impresiones de España.* De ce petit livre curieux rien ne permet de justifier l'affirmation de Dalí. Au contraire. L'Espagne de Trotski ressemblait plutôt à celle de Mérimée, et son regard était celui d'un Russe, et d'un révolutionnaire professionnel de surcroît.

89. Nom d'un des frères maristes. Nous n'avons pas trouvé d'information à son sujet.

90. Surnom donné à un professeur des Frères maristes. Nous ignorons son nom.

91. Ce jour-là les journaux annoncèrent avec consternation la mort d'Auguste Renoir. À cette époque, Dalí se considérait comme un peintre impressionniste, comme on peut le constater dans la lettre qu'il écrivit à son oncle Anselm Domènech (voir son journal

à la date du 8 janvier 1920) et les peintures qu'il exécuta pendant ces années-là. Cette proximité artistique le rendit sûrement sensible à la mort du maître français.

92. *Gamiani* est une nouvelle érotique d'Alfred de Musset. Le sous-titre de l'édition espagnole de 1886, peut-être celle que lut Dalí, était on ne peut plus explicite : *Tableau merveilleux d'orgies saphiques et sadiques d'une jouisseuse d'amour frénétique.*

93. Face aux rumeurs d'une extension du lock-out à Figueres, l'*Empordà Federal* mettait en garde les patrons de bien considérer « la gravité des actes » qu'ils s'apprêtaient à commettre. Dans cette ville, poursuivait-il, « les conflits entre patrons et ouvriers ont toujours été résolus dans la plus sincère cordialité et il n'y a aucune raison pour que cette règle de conduite citoyenne change » (*Empordà Federal,* 6 décembre 1919). En fait, la fermeture des entreprises n'eut pas lieu. On peut lire dans *La Veu de l'Empordà* que le lock-out était passé « inaperçu ». Les commerçants travaillèrent normalement, « sans fermer un seul jour » leurs boutiques. Dans la construction et quelques autres secteurs, le lock-out ne fut appliqué qu'« en partie » (*La Veu de l'Empordà,* 21 décembre 1919).

94. Miquel Marull Comas était un camarade de lycée de Dalí.

95. Jaume Miravitlles (1906-1988) eut une vie politique des plus agitées (il fut commissaire de la Propagande pendant le gouvernement de la Generalitat au moment de la guerre civile) et fut durant une longue période journaliste. Dalí le revit souvent au cours de sa vie. Dans le film *Un chien andalou,* Dalí et Miravitlles tinrent le rôle des frères maristes. Dalí fit son portrait en footballeur.

96. Joan Turró Coromines était un ami de Dalí. Il participera comme Dalí à l'élaboration de la revue *Studium.*

97. Maxim Litvinov (1876-1951) fut dès la première heure un disciple de Lénine. En 1917, il fut nommé représentant diplomatique de la Russie à Londres. Dalí le mentionnera plusieurs fois. Au début des années trente, lorsque Litvinov fut nommé au commissariat des Affaires étrangères, le peintre l'accusa, dans une lettre à André Breton, de mener une politique « éminemment nazie, nationaliste, farouchement russophile, anti-internationaliste, démocrate-libérale » et « d'embrasser sans cesse Herriot sur la bouche » (voir Pierre, J., « Breton et Dalí », *Salvador Dalí. Rétrospective 1920-1980,* Centre Georges-Pompidou, Paris, 1979). Entre ces deux déclarations — presque une dizaine d'années — Dalí et le monde ont beaucoup changé.

98. Ce cahier se termine ici. Au-dessous figure l'inscription : « Fin du troisième cahier de mes impressions et souvenirs intimes. Année 1919. Automne. » Sur la dernière page figure une note correspondant, sans doute, à une période postérieure, l'automne 1922, époque où Dalí partit pour Madrid. On peut lire : « Adieu Cadaqués, adieu oliveraies et chemins pleins de quiétude. Adieu marins, maîtres de paresse et de vie, je pars loin, m'occuper d'affaires inutiles qui ne vous manquent pas, je vais étudier, visiter le musée du Prado.

« Fille, toi qui sais regarder comme une statue gothique, toi qui es jeune, qui a des seins comme deux fruits sous ta robe blanche, tu sais peut-être que tu me plais et que je t'aime, adieu, et aime-moi. Laisse-moi t'embrasser dans le crépuscule où tu étais si douce à aimer. »

La note se termine ainsi : « Mais je reviendrai un jour, je serai à toi pour toujours, je me ferai enterrer sous un olivier. » Cette dernière phrase est barrée — comme si l'auteur l'avait trouvée trop sentimentale.

99. Le sixième cahier — le troisième dont nous disposons — débute par l'inscription : « Suite de mes impressions et souvenirs intimes. » Entre la fin du troisième cahier et le début de celui-ci un mois s'est écoulé. Pendant ce temps le lock-out se poursuivait à Barcelone, et entrait dans sa sixième semaine.

100. Il s'agit de Jaume « Met » Miravitlles. Ses parents tenaient une petite boutique de confection féminine au 14 de la rue Peralada.

101. Fèlix Graupera était président de la Fédération patronale catalane. Le lundi 5 janvier, alors qu'il rentrait chez lui, il fut pris dans un tir croisé de trois commandos qui l'attendaient au cœur de Barcelone. Il ne fut que légèrement blessé. Deux des personnes qui l'accompagnaient furent tuées.

102. Organe de la CNT, syndicat anarchiste.

103. Au cours de la discussion, au Parlement, sur la situation sociale à Barcelone, Francesc Cambó exprima le vœu de voir le gouvernement laisser les coudées franches aux autorités civiles et militaires afin qu'elles puissent agir efficacement contre les syndicats.

104. Manuel Allendesalazar remplaça Fernández de Toca à la présidence du gouvernement de coalition.

105. Julià Nougués i Subirà était député de Tarragone aux Cortes.

106. Prieto profita de l'intervention de Julià Nougués pour faire

un de ses bons mots habituels. Nougués s'était exclamé : « ... la Fédération patronale ne s'est pas contentée d'instaurer le lock-out à Barcelone. Elle l'a étendu à d'autres villes catalanes en faisant pression sur les patrons. Et tandis que les patrons organisent le lock-out en toute impunité, on jette en prison des centaines d'ouvriers. Tout le monde connaît les instigateurs du lock-out, mais eux ne sont pas inquiétés. En revanche, on n'hésite pas une seconde à mettre Seguí et les dirigeants ouvriers en prison ». Sur ce, Prieto lança : « Et voilà ! Si M. Graupera avait été en prison, il n'aurait pas été blessé. »

107. Anselm Domènech Ferrés était le frère de la mère de Dalí. Il était propriétaire de l'ancienne librairie Verdaguer, sur la Rambla de Barcelone, qui se trouvait face au Liceu, à la place de l'actuel café de l'Opéra. Il s'intéressa tôt à la carrière du peintre et essaya de l'aider. Il l'approvisionna en matériaux, en livres, en revues d'art. Ces dernières, comme *L'Esprit Nouveau* ou *Valori Plastici,* lui permettaient d'être au courant des dernières tendances européennes.

108. Cette attitude n'a pas toujours été la sienne. Mais, à cette époque-là, il raisonnait en impressionniste. Plus tard, lorsque l'élément constructif devint prioritaire dans son œuvre, le dessin eut un rôle prépondérant. Dans le catalogue de son exposition aux galeries Dalmau (novembre 1925), il mit en exergue trois citations d'Ingres, dont celle-ci : « Le dessin est la probité de l'art. »

109. La passion acharnée que Dalí témoignait pour la couleur et le mépris qu'il avait pour la reproduction précise des objets permettent de situer le peintre dans le courant post-impressionniste, et de le placer dans la lignée d'un Joaquim Mir, pour qui il avait une grande admiration.

110. Pendant ces années-là Dalí peignit beaucoup de portraits et d'autoportraits. Notons entre autres : *Portrait de Llúcia, Le Père de l'artiste au Llaner* (1920), *Portrait de Josep M. Torres* (1920) ou *Portrait du violoncelliste Ricard Pichot* (1920). Mais il peignit aussi beaucoup de paysages.

111. Nous ne savons rien sur ce texte.

112. Personnage non identifié.

113. Le Passeig Nou était une longue rue qui s'étendait de la Rambla à la route de Barcelone et qui traversait Figueres du nord au sud.

114. Joan Subias Galter (1897-1984). Historien et critique d'art. Professeur d'histoire de l'art à l'École des beaux-arts de Barcelone,

membre de l'Académie de Sant Jordi, correspondant de l'Académie de San Fernando, auteur de livres sur l'art catalan. Il était un peu plus âgé que Dalí, et discutait souvent d'art avec lui. Il dessina avec Dalí le char que lui commanda la mairie de Figueres pour le défilé de la fête des Rois, en 1919. Il écrivit l'un des premiers articles importants sur l'œuvre de Dalí (*Alfar*, n°40, mai 1924, La Coruña).

115. Le matin du vendredi 9 janvier, un commando dirigé par le syndicaliste Ángel Chueca prit d'assaut la caserne du Carme occupé par le 9e régiment d'artillerie légère de Saragosse. Grâce à une complicité interne ils pénétrèrent dans la caserne et tuèrent deux soldats. Ils affrontèrent la Garde civile et Chueca fut tué. Un caporal complice fut pris, mais les autres membres du commando réussirent à prendre la fuite. L'état de siège fut décrété. Chueca servit de modèle à R.J. Sender pour son personnage de Checa dans *Crónica del Alba.*

116. Il s'agit vraisemblablement de Joan Xirau.

117. Les opinions que Dalí exprima sur la musique à la fin des années vingt et au début des années trente sont contradictoires. Ainsi dans le texte « Sempre per damunt de la música. Harry Langdon », paru dans la revue *L'Amic de les Arts*, n° 31, 31 mars 1929, on peut lire : « Pour moi, jusqu'alors, la musique, les concerts, étaient synonymes du PLUS GRAND ENNUI, exception faite de la MAUVAISE MUSIQUE, pour laquelle j'ai toujours ressenti, et pour laquelle je ressens toujours, une prédilection-ATTRACTION particulière » ; dans *Abrégé d'une histoire critique du cinéma* il écrira : « Contrairement à l'opinion courante, le cinéma est infiniment plus pauvre et plus limité, pour l'expression du fonctionnement réel de la pensée, que l'écriture, la peinture, la sculpture et l'architecture. Il n'y a guère au-dessous de lui que la musique, dont la valeur spirituelle, comme chacun sait, est à peu près nulle » (S. Dalí, *Babaouo,* Paris, 1932). Mais pendant ces années d'adolescence à Figueres, son attitude vis-à-vis de la musique est tout autre. On croit ici avoir affaire à un mélomane.

118. Le 13 avril 1919 est fondée l'Union sportive Figueres. Durant la saison 1919-1920, l'équipe participa pour la première fois au championnat de la province, avec cinq autres équipes. Elle se classa en deuxième position.

119. Maison du poète Carles Fages de Climent (1902-1968), ami de Dalí. Celui-ci illustra nombre de ses livres, dont *Les Sorcières de Llers* (1924).

120. Le 28 juin 1919, à Versailles, sont signés les accords qui mettront fin à la Première Guerre mondiale.

121. Groupe politique d'extrême gauche issu du parti social-démocrate allemand. Partisan de la révolution russe, il finira par devenir le parti communiste allemand. Ses dirigeants les plus connus furent Rosa Luxemburg et Karl Liebknecht.

122. Personnage non identifié, que Dalí appelle plus loin l'« artiste prolétaire ».

123. Vers le milieu des années vingt, Dalí fera la connaissance d'Eugeni d'Ors, avec qui il aura des relations plutôt contrastées. Au début de son séjour à Madrid, d'Ors lui offre son aide. Puis lors de la première exposition de Dalí à Paris (galeries Goemans, automne 1929), il publie un article dans *La Gaceta Literaria* (15 décembre 1929) : « Le jeu lugubre et le double jeu », dans lequel il se montre très critique envers le peintre. Il y dénonce une « toile » où l'on pouvait lire : « Je crache sur le portrait de ma mère » (morte en 1921). Le père de Dalí, après qu'il eut appris cela, coupa toute relation avec son fils ; relations détériorées déjà par la présence de Gala, « Madame », comme il l'appellera péjorativement.

124. Peu après leur rébellion, les deux caporaux et les cinq soldats furent faits prisonniers. Ils passèrent en conseil de guerre sommaire et, le samedi 10 janvier au matin, ils furent passés par les armes.

125. Le discours dont parle Dalí eut un grand retentissement. Alejandro Lerroux critiquait durement le gouvernement et l'action de la justice, incapables de mettre un terme aux événements de Barcelone.

126. Josep Soler Grau enseignait depuis longtemps les matières littéraires au lycée. Il fut le rédacteur d'une revue humoristique *Monsieur Pancrace*, que Dalí appréciait. Il fonda plus tard *La Galeria*, un périodique ouvert à la jeunesse, qui parut pendant plusieurs années. Après avoir adhéré aux jeunesses de l'Union fédérale nationale républicaine, il prit la carte d'un parti opposé, le parti libéral-radical, dont il devint l'un des dirigeants.

127. À Barcelone le lock-out se poursuivit et l'agitation sociale devint très intense.

128. Dans ce manifeste les travailleurs se montraient disposés à parlementer afin de trouver une solution aux conflits.

129. Julián Besteiro lança des attaques très dures contre La Cierva. Il se démarqua du discours de Lerroux et défendit les revendications ouvrières.

130. Pelayo Torres Darnís était professeur auxiliaire de sciences.

131. Teodorico Menéndez (1874-?), homme politique, militant du PSOE et de l'UGT. Dans la séance ici évoquée, il s'exprima avec dureté contre Lerroux lorsque celui-ci s'obstina à traiter de terroristes les délégués syndicaux. Si, lors de la précédente séance, Besteiro critiqua le député radical puis finit par lui tendre la main, cette fois, Menéndez resta intraitable.

132. Gustav Noske fut chargé de la répression du soulèvement communiste de Berlin en 1919. Les événements sanglants qui eurent lieu devant le Reichstag, auxquels Dalí fait ici allusion, causèrent la mort d'une trentaine de personnes, et plus de quatre cents autres furent blessées.

133. Georges Clemenceau participa activement à la rédaction du traité de paix de Versailles, il proposa quelques-unes des clauses les plus dures contre les vaincus.

134. L'une des baraques foraines qui s'installèrent à Figueres s'appelait « six et treize », c'était une sorte de tombola. Une montre de « six et treize » était donc une montre de foire, de tombola, de loterie.

135. Nous ne savons rien sur António. Était-ce l'« ami nocturne » ? Ou bien le prénom de Guatxindango, un camarade qui apparaît un peu plus loin ?

136. Nous trouvons ici en germe un sujet que Dalí développera abondamment : la masturbation. « Je grandissais, et ma main grandissait », écrit-il dans *Vie secrète*. « Cela arriva un après-midi dans les toilettes du lycée ; j'éprouvai une grande déception, suivie d'un sentiment violent de culpabilité. J'avais cru que "cela" était quelque chose de différent ! Mais, malgré ma déception, éclipsée par les délectations du remords, je recommençai à faire "cela" en me disant : cette fois-ci c'est la dernière, la toute dernière fois ! Au bout de trois jours, la tentation s'empara à nouveau de moi. Je ne pouvais jamais lutter plus d'un jour et une nuit contre ce désir. Je recommençai encore et encore "cela", "cela", "cela" » (S. Dalí, *Vie secrète*). Il utilisa aussi ce sujet dans la peinture. Les derniers mois de 1929, Dalí commença à introduire ce thème dans ses tableaux sous forme d'autoportrait, comme dans *Le Visage du grand masturbateur*, *Le Jeu lugubre* ou *La Profanation de l'hostie.*

137. Quimasso, dont nous ignorons le prénom, faisait partie de l'entourage du père. C'était un membre important du Sport Figuerense. Il fut un des premiers joueurs de foot de Figueres.

138. Joaquim Cusí Fortunet (1879-1968). Pharmacien, il fonda

en 1925 les Laboratoires du Nord d'Espagne et l'Institut Cusí dirigé par son cousin Rafael Cusí. Ce fut un ami intime du père et un des premiers collectionneurs d'œuvres de Dalí.

139. Le blason de Cadaqués est de champ d'or, un château ouvert d'azur ; le pied fascé ondé d'azur et d'argent de quatre pièces.

140 Personnage non identifié.

141 Ricard Giralt Casadessús (1884-1970). Architecte municipal de Figueres depuis 1915. Auteur de nombreux aménagements urbains (parc, Rambla, mairie, etc.).

142. Paul Deschanel fut élu président de la République devant Clemenceau. Il remplaça Raymond Poincaré.

143. Pour des raisons non élucidées à ce jour, Eugeni d'Ors démissionna de son poste de directeur de l'Instruction publique de la Mancomunitat (gouvernement autonome de Catalogne). Cette démission fut rendue publique le 10 janvier 1920.

144. À la fin de la guerre, Guillaume II fut obligé d'abdiquer et de quitter l'Allemagne. Il s'installa en Hollande, où certains demandèrent son extradition. Il mourut en exil en juin 1941.

145. Ces jours-là, insurrections et affrontements éclatèrent à la frontière entre l'Inde et le pays de Mahmsonas, opposant les armées de ce dernier et les troupes anglo-indiennes.

146. Personnage non identifié.

147. Josep Sans, professeur de mathématiques, mourut à l'âge de trente-trois ans.

148. Le café Europe, rue des Ingénieurs, était bien connu des jeunes de la ville à cause de ses billards.

149. Le fait de contempler un mur pour en tirer des images variées rappelle les conseils que donne Léonard de Vinci dans son *Traité de la peinture.* « Si tu observes des murs couverts de taches ou construits avec des pierres différentes, et que tu t'exerces à inventer des scènes, tu pourras voir l'image de paysages embellis, de montagnes, de fleuves, de rochers, d'arbres, de plaines, de grandes vallées et de collines de toutes sortes. Tu pourras même y voir des combats, des personnages en mouvement, des visages étranges, des habits et des choses en nombre infini que tu pourras restituer dans leur forme intégrale et fidèle. » Bien que Dalí ait écrit un petit essai sur Léonard de Vinci dans la revue *Studium,* il est fort probable qu'il n'avait pas lu le *Traité de la peinture.* Ce ne serait donc qu'une coïncidence. La méthode sera plus tard utilisée par d'autres peintres surréalistes, comme Masson ou Max Ernst

(qui feront explicitement référence aux conseils de Léonard de Vinci).

150. On suppose que Dalí conservait cette lettre entre les pages du cahier, mais elle n'y est pas restée.

151. Carme Roget était une camarade du cours de dessin, elle était une élève du Collège des religieuses françaises. La relation amoureuse de Dalí avec cette jeune fille, qui prend la place d'Estela, fut ainsi décrite par Anna Maria Dalí : « Durant ces années-là, mon frère avait une fiancée blonde, à la peau claire. C'était une fille de Figueres, très gentille, au sourire triste et énigmatique. C'était un amour romantique, adolescent » (A. M. Dalí, *Noves imatges...*). Dalí l'appela « le plan quinquennal » parce qu'il la fréquenta « pendant cinq ans, y compris les étés, passés à Cadaqués » (S. Dalí, *Vie secrète*).

152. La rue des Tints allait de la rue Monturiol, où vivait le peintre, à la rue de la Muralla, dans la vieille ville. L'école de dessin se trouvait dans cette dernière.

153. « Le Plâtre » était le nom donné par les étudiants à l'école de dessin à cause des innombrables sculptures en plâtre qui y furent réalisées et qui servaient de modèles aux étudiants.

154. Nous ne savons pas exactement en quoi consistait ce jeu qui tourne autour de l'héritage d'un oncle grâce auquel Dalí et ses camarades envisageaient de partir en voyage — ni ce que signifiait la présence d'un âne dans ce jeu. Si l'histoire parlait d'un âne mort (comme le laisse supposer l'allusion à la fièvre aphteuse au paragraphe suivant), nous nous trouverions peut-être en présence d'un des rares mais intéressants indices contenus dans ce journal révélateurs des thèmes futurs de Dalí. En effet, les ânes morts, en décomposition, constituent un sujet central dans la théorie et la peinture de Dalí à la fin des années vingt et au début des années trente. Par ailleurs, le premier texte qu'il publie en français dans la revue *Le Surréalisme au service de la Révolution* s'appelle « L'Âne pourri ».

155. Les Alliés, les Anglais surtout, souhaitaient en fait reprendre les relations commerciales avec la Russie.

156. La construction du parc municipal était une vieille idée de Josep Pichot, Joaquim Cusí et Marià Pujolà, amis du notaire Dalí. Elle avait été approuvée par la corporation municipale le 30 janvier 1918. Des tracasseries administratives empêchèrent régulièrement le commencement des travaux. En janvier 1920, lassée d'attendre, la municipalité décida d'entreprendre l'aménagement

du parc. Mais le gouverneur civil en ordonna la suspension et ne donna qu'en mars l'autorisation de les reprendre. Vingt arbres, deux arbustes et treize plantes d'essences variées y furent plantés. Il y eut même un petit zoo durant une période (J. M. Bernils, *Figueres*, Figueres, 1977).

157. Petit bourg situé dans la plaine de Banyoles, où se trouve une belle église romane.

158. Plusieurs autoportraits, dessins, huiles, etc., nous sont parvenus, mais aucune œuvre au pastel ne semble avoir subsisté.

159. Dolors Carré Casademont, nommée « Lola », était une amie du lycée et de l'École municipale de dessin. Carme Roget, Narcís Sala, Ramon Reig et Dolors Carré formaient le cercle des intimes du peintre. Plus loin nous verrons qu'il tient auprès d'elle le rôle de confident, pour les problèmes amoureux surtout.

160. Narcís Sala Roca était un ami du lycée et de l'École municipale de dessin.

161. Le dernier dimanche de janvier, les habitants de Figueres avaient pour coutume de se rendre en pèlerinage à l'ermitage de Sant Pau de la Calçada, une église du XVe siècle située à un kilomètre environ de la ville.

162. Ces vues étaient prophétiques. Au cours des années qui suivirent les sociétés secrètes proliférèrent. En 1919, on comptait 15 assassinats ; en 1920, 39 ; mais entre 1921 et 1923, on en répertoria 152 (Josep Termes, *De la Revolució de Setembre a la fi de la Guerra Civil*, Barcelone, 1987)

163. Il s'agit de gâteaux de forme triangulaire, fourrés de crème, que l'on consommait au moment du pèlerinage de Sant Pau de la Calçada.

164. Village du Haut Empourdan, proche de Figueres, qui fut construit autour d'une abbaye augustinienne (XIe s.). À cette époque, Dalí en fit plusieurs représentations (*Le Clocher de Vilabertran*, 1919 ; ou *Le Lac de Vilabertran*, 1920). Plus tard il réapparaîtra en toile de fond dans plusieurs tableaux : *Vestiges ataviques après la pluie* (1934) ou *Le Pharmacien de l'Empourdan qui ne cherche absolument rien*.

165. Il apparaît clairement ici que Dalí écrivait son journal assez tard dans la soirée.

166. Le dimanche 25 janvier, le gouverneur civil diffusa une note invitant la Fédération patronale à lever le lock-out ; il les mit en garde que s'ils s'y refusaient ils devraient en assumer seuls les

responsabilités. Dans la soirée, les patrons se pressèrent d'obtempérer.

167. Lluís Pichot Gironès (1886-1962). Violoniste, élève de Jacques Thibaud, il faisait partie avec son frère, le violoncelliste Ricard, et le pianiste Bonaterra, du Trio Hispània, qui donna des concerts dans le monde entier. Pichot faisait partie de cette famille d'artistes qui s'installa à Cadaqués au début du siècle, avec laquelle le notaire Dalí était très ami. Celui-ci était particulièrement lié à Pepito, l'aîné, avec qui il avait fait ses études à Barcelone.

168. Lluís Bonaterra Gras (1889-1952). Pianiste et compositeur. Il faisait partie lui aussi du Trio Hispània.

169. Le concert eut lieu au Sport Figuerense. Ce programme proposait la *Sonate en la majeur* de Robert Schumann, *Souvenirs* de Lluís Bonaterra, *Chanson Louis XII et pavane* de Couperin, *Sicilienne et rigaudon* de F. Francœur, *Mennet* de Porpora, et, enfin, la *Sonate* de César Franck.

170. Chaque année, les clubs et les associations culturelles organisaient des bals à l'occasion du carnaval. Celui des « célibataires » était très prisé.

171. Le *Times* annonça que cinq mille soldats polonais (et non quatre mille, comme l'affirme Dalí) s'étaient opposés à leurs officiers afin de rejoindre l'armée Rouge (*La Publicidad*, 31 janvier 1920).

172. La rue Ample allait de la rue Monturiol à la rue de Peralada. Elle était donc située dans la partie de Figueres où se trouvaient l'école de dessin et la maison de Dalí.

173. Ici se termine le sixième cahier.

174. Le neuvième cahier — le quatrième dont nous disposons — débute par l'inscription suivante : « Ma vie. Neuvième livre de mes impressions et souvenirs intimes (suite). » Deux mois et demi (février, mars et une partie du mois d'avril) se sont écoulés depuis les dernières rédactions.

175. Ces amis habitaient à Peralada, une ville du Haut Empourdan qui a gardé de nombreux témoignages de sa splendeur passée.

176. Ces jardins conçus par François Duvilliers en 1877 entouraient le château de Peralada .

177. Le père de Dalí prit la décision d'envoyer son fils étudier à Madrid, à la Escuela Especial de Pintura, Escultura y Grabado, division pédagogique de la Real Academia de Bellas Artes de San Fernando. Le notaire Dalí voulait ainsi assurer un avenir à son fils

et pensait que si celui-ci ne réussissait pas en tant que peintre, il pourrait toujours gagner sa vie comme professeur de dessin. Sa préférence pour l'école de Madrid n'est pas claire. Peut-être était-elle due au fait que le professeur de dessin de l'école municipale et du lycée de Figueres, Juan Núñez, qui fut le premier à remarquer le talent du jeune Dalí, avait fait ses études dans cette école. D'autre part le prestige de la « Llotja », grande école de dessin de Barcelone, n'était pas brillant à ce moment.

178. On peut déduire de ce fait que Dalí avait cessé d'aller chez les Frères maristes.

179. Entre 1919 et 1921, l'Irlande, soumise à la domination britannique, était en proie à une guerre civile qui se termina — provisoirement —, en décembre 1921, par la reconnaissance de l'État libre d'Irlande au sein de l'Empire britannique, son statut devint alors semblable à celui du Canada, de l'Australie et de la Nouvelle-Zélande.

180. Les fêtes de la Sainte-Croix était l'événement le plus important de Figueres. Dalí dessina l'affiche de l'année 1921 et la couverture du programme de l'année 1922.

181. Esteban Trayter fut l'instituteur de Dalí pendant les deux ans qu'il passa à l'école publique maternelle de Figueres. Plus tard il devait écrire : « Le nom de ce maître évoque — en catalan — quelque chose qui aurait à voir avec les omelettes. C'était un homme vraiment fantastique à tous points de vue. Il avait un beau visage, tolstoïen, sur lequel on aurait greffé un je-ne-sais-quoi de Leonardo. Ses yeux bleus, très brillants, étaient sûrement peuplés de songes et d'une bonne dose de poésie. Il était habillé avec négligence, sentait mauvais et portait parfois un chapeau haut de forme, ce qui était plutôt insolite pour notre région. Mais il en imposait, au point qu'il pouvait tout se permettre : il vivait entouré d'une aura de légende, d'intelligence, qui le rendait invulnérable » (Salvador Dalí, *Vie Secrète*).

182. Ce personnage à la petite échelle avait aussi pour surnom le Jijonero. Il s'installait à l'approche de Noël non loin de la maison des Dalí. Il venait d'Alicante et vendait des tourons de Xixona — d'où lui venait son surnom.

183. Pere Vives i Casademont était professeur de lettres auxiliaire au lycée.

184. L'écriture illisible ne nous a pas permis d'identifier l'œuvre et l'auteur.

185. Ramón Gallego Giménez (1886-1968). Directeur de la

poste de Figueres. Ami du père de Dalí, membre du « Sport » féru de grammaire. Il donna des cours particuliers à Dalí dans cette matière où le jeune Dalí n'était pas très brillant. Ramón Gallego apparaît dès le moment où Dalí cesse d'assister aux cours des Frères maristes.

186. Aucun journal de Figueres ne mentionne cette grève.

187. Le 20 mars 1920, l'homme politique conservateur Wolgang Kaap, s'appuyant sur des éléments de l'armée, mena à bien un coup d'État contre la république de Weimar ; mais celui-ci fut contrecarré par la résistance que lui opposèrent les travailleurs (grève générale) et les hésitations de la bourgeoisie qui jugeait l'entreprise aventureuse. Du fait de la crise économique et de la faiblesse des institutions démocratiques, l'Allemagne vivait des moments de grande instabilité.

188. Personnage non identifié.

189. Surveillant de l'école de dessin.

190. Ce salon de coiffure, qui donnait sur la Rambla, était appelé « Chez la Vilosa ». Il n'existe plus aujourd'hui.

191. Les magasins Massot, sis au 16 rue Monturiol et au 15 rue Caamanyo, furent inaugurés officiellement le samedi 24 avril 1920, bien que le rez-de-chaussée fût ouvert dès octobre 1919. Les Dalí, qui habitaient au 20 rue Monturiol, se trouvaient juste à côté.

192. Salvador Bosch Puyol était professeur titulaire de sciences au lycée.

193. Les rapports du conseil des professeurs du lycée font état de ces événements et leur consacrent une large place. Le professeur titulaire ne fut pas autorisé à faire passer les examens. Deux remplaçants furent nommés à sa place.

194. Les arènes de Figueres, qui existent encore aujourd'hui, furent construites en 1894 sur la route de Roses et vinrent remplacer les précédentes arènes, rudimentaires, faites de bois et de brique, qui dataient de 1886.

195. Eduardo Dato fut nommé chef du gouvernement le 4 mai 1920, il remplaça Allendesalazar. Il soutint la répression menée à Barcelone par le général Martínez Anido. Le 8 mars 1921, il fut tué dans un attentat fomenté par des syndicalistes catalans.

196. À la fin de la Première Guerre mondiale, la Pologne devint un État indépendant. L'établissement des frontières orientales contrariait les intérêts territoriaux soviétiques. Le conflit se transforma en guerre ouverte, qui s'acheva en 1921 avec le traité de Riga.

197. En France, une importante grève des chemins de fer agita fortement le pays. Elle dégénéra et des affrontements entre syndicalistes et police eurent lieu, faisant quelques morts et de nombreux blessés.

198. L'effervescence sociale qui régnait à Barcelone s'étendit à tout le pays. Le changement de gouvernement (Dato remplaça Allendesalazar) fut motivé, entre autres, par le désir de mettre un frein à ce que le journal *El Debate* (4 mai 1920) appelait « la révolution qui pointe son nez de tous côtés ».

199. Il n'est pas étonnant que ce roman de Pío Baroja ait plu à Dalí car il y est souvent question de peinture. La devise du blason de Navaridas (un petit village de la Rioja) est en fait le titre du roman : « Le monde est ainsi. » Dalí reprendra souvent cette phrase dans son journal.

200. Le *Times* annonça la création de la république des Soviets en Ukraine. Cette nouvelle figure dans les journaux locaux mais aucun d'eux ne parle d'une victoire militaire des Russes face aux Polonais. Cette affirmation de Dalí doit-elle être attribuée à son enthousiasme révolutionnaire ?

201. Francesco Saverio Nitti, président du gouvernement italien, dut faire face, dans un climat économique très détérioré, à une série de grèves menées par les syndicats et aux premières manifestations de désordre organisées par le tout nouveau parti fasciste de Mussolini. Il finit par démissionner le 9 juin 1920.

202. Sous le titre « Un mouvement antibolchevik à Moscou » on pouvait lire dans *La Publicidad* du 14 mai 1920 : « Le *Petit Journal* vient de recevoir l'information suivante : à Moscou, un mouvement révolutionnaire est parti à l'assaut des dépôts de matériel de guerre. La lutte a été acharnée ; on compte de nombreux morts. »

203. Joaquim Mir était un des peintres que Dalí admirait le plus au cours des années où il rédige son journal ; il partageait probablement cette admiration avec son professeur de dessin Juan Núñez.

204. L'œuvre de Francesc Domingo Segura, *Le Garçon malade,* présenté à l'Exposition d'art de 1919, fut commentée par Eugeni d'Ors dans deux de ses articles, ou « gloses », « Louanges » (*La Veu de Catalunya,* 31 mai 1919) et « Les tableaux qui changent » (*La Veu de Catalunya,* 20 juin 1919).

205. Un peu plus loin Dalí comparera Iu Pascual à Sisley (cf. 6 juin 1920).

206. Enric Casanovas travailla entre 1916 et 1918 au monument dédié à Narcís Monturiol, installé sur la Rambla de Figueres.

207. Surnom donné au professeur Josep Soler Grau.

208. Personnage non identifié.

209. Le style sarcastique de ce caricaturiste devait plaire à Dalí. Bagaria collabora à *El Sol* dès 1917. Il est possible que Dalí le connut à travers ce journal.

210. Le concept de « putrescent » est relativement important dans l'œuvre de Salvador Dalí. Dès 1925 le peintre a pour projet un livre qui devait s'intituler *Libro de putrefactos*, composé de textes de García Lorca et de dessins de sa main. Dans une lettre à son ami écrivain il décrivait le concept en ces termes : « Grosz (allemand) et Pascin (français) ont prétendu avoir dessiné la putréfaction, mais ils ont peint l'imbécile haineusement, furieusement, rageusement, dans un sens "social". Par conséquent ils n'ont atteint que la première couche, la plus superficielle de l'imbécile; ils sont restés à la première réaction, qui permet de faire la différence entre l'imbécile et celui qui l'est à un moindre degré. Nous, à l'inverse, nous avons promu l'imbécile, l'idiot, à la catégorie lyrique. On est parvenu à un lyrisme de la stupidité humaine; mais avec une tendresse et une douceur si sincères qu'elle en devient presque franciscaine » (R. Santos Torroella, *Salvador Dalí escribe a García Lorca,* Madrid, 1978).

En fait García Lorca n'écrivit jamais les textes que son ami lui avait demandé d'écrire. On a conservé, par contre, plusieurs dessins de « putrescents » de Dalí (à la Fondation García Lorca notamment). Quelques personnes ayant confirmé que le mot « putrescent » était un terme très usité par les amis de la Résidence, on a cru longtemps que ce mot était né à cette période et que Pepín Bello en était le créateur (voir Jan Gibson, *Federico García Lorca,* vol. 1, p. 377). Nous savons désormais que ce ne fut pas le cas. Le qualificatif *putrefacte* était très souvent employé par la bande d'amis de Dalí à Figueres. Il est possible que son « inventeur » ait été un ami du père de Dalí, le journaliste Carles Costa. Celui-ci en effet, selon des propos que Anna M. Dalí tint à Antonina Rodrigo, employait ce mot, non pas dans son sens étymologique strict, mais dans un sens « pittoresque » (voir A. Rodrigo, *Lorca-Dalí. Una amistad traicionada,* Barcelone, 1981, p. 82). Antoni Pitxot qui eut un jour une conversation avec Dalí, nous a confirmé que l'origine de ce mot devait être attribué à Carles Costa.

211. Marià Bassols de Climent était un ami du lycée.

212. Gardien du lycée de Figueres.

213. Dalí empruntait quotidiennement la rue Sant Pau car elle menait au lycée.

214. *El aprendiz de conspirador* (1912) de Pío Baroja est le premier volume de *Memorias de un hombre de acción*, dont le héros s'appelait Eugenio de Aviraneta, nom d'un lointain parent de l'auteur. La devise épicurienne des disciples de Danton (*« Edumus et bibamus, cras enim moriemur »*, mangeons et buvons, car demain nous mourrons) pourrait avoir inspiré les transports sensuels caractéristiques de Dalí dans la deuxième partie de ce journal.

215. Ce livre a pour titre *Miquel Viladrich*. Il fut publié par Rámon Pérez de Ayala dans la collection « Monografías de Arte » de la Biblioteca Estrella, dirigée par G. Mártinez Sierra, Madrid.

216. Amie du cours de dessin.

217. Cette lettre devait être insérée dans le journal.

218. La Saint-Bauzile (20 mai) était une fête importante à Figueres. La veille, on plantait trois pins devant l'église dédiée au saint. Puis commençaient les processions, les ventes de beignets, de boissons, etc. Les trois pins n'étaient enlevés que sept semaines plus tard.

219. La Gorja Blava longeait la rivière Manol près de Vilafant. Les jeunes de Figueres aimaient aller s'y baigner.

220. Personnage non identifié.

221. Il s'agit de Catalina Domènech Ferrés, sœur de la mère du peintre, qui vivait avec eux à Figueres. Après le décès de la mère de Dalí (février 1921), le père du peintre l'épousera en secondes noces. Dalí fit son portrait vers 1920 dans le jardin de la maison du Llaner à Cadaqués (*Portrait de ma tante*). Il est curieux de constater que les nombreux biographes du peintre n'ont pas relevé ce fait, important quant à l'ambiance familiale où il vécut. Ce genre de liens (mariage d'un homme avec deux sœurs) est appelé par certains anthropologues « inceste du second type » ; dans certaines cultures ils sont classés parmi les incestes classiques. En France, ces mariages furent interdits jusqu'au début du XXe siècle.

222. Lors de l'exposition organisée en janvier 1922 par l'Association catalane des étudiants aux galeries Dalmau, Dalí présenta un tableau intitulé *El berenar sur l'herbe* ; son style était toutefois plus proche de celui de Xavier Nogués que de celui de Manet.

223. Situé dans la rue des Fossos, ce collège, appelé aussi École des frères de la doctrine chrétienne, avait été fréquenté par

Dalí de 1910 à 1916. Les frères de cette congrégation s'étaient installés à Figueres en 1907, après avoir été expulsés de Béziers, où une loi leur avait interdit d'enseigner.

224. Dalí, même après la fin des cours au lycée, continuait donc de prendre des leçons chez M. Gallego.

225. Personnages non identifiés.

226. Ce « château grec » pourrait être les ruines d'une forteresse wisigothique qui se trouve à Puig Rom.

227. La situation en Espagne était chaque jour plus conflictuelle. À Barcelone, les ouvriers qui avaient été incarcérés lors des événements de janvier 1920, qui avaient culminé avec l'attentat contre Fèlix Graupera, entamèrent une grève de la faim afin de protester contre leurs conditions de détention. Par solidarité une grève générale fut proclamée. À Madrid, le 22 mai, les boulangers fermèrent leurs portes, ce qui entraîna de violentes émeutes. L'agitation était aussi présente ailleurs. À Valence, une grève générale fut proclamée le 22 mai dans un climat de violence. À San Sebastian, après divers incidents avec la Garde civile, des manifestations firent des morts et des blessés, ce qui aboutit, le 27 mai, à un arrêt total du travail. Les événements avaient cette fois-ci un fort contenu nationaliste. D'importantes grèves touchèrent aussi les villes de Saragosse, de Murcie, de Huelva, etc.

228. La situation en Italie n'était pas meilleure. Des grèves générales (Palerme, Frioul, etc.) furent à l'origine d'affrontements violents entre grévistes et forces de l'ordre.

229. Selon *La Gaseta de Berlin* du 27 mai, les forces de l'armée Rouge avaient reconquis la région de Minsk. Quelques jours auparavant, les navires soviétiques avaient commencé à bombarder la côte perse.

230. Après le putsch de Kaap, l'Allemagne vivait toujours une situation politique trouble. On y annonçait de nouveaux coups d'État et des grèves générales.

231. José Gómez « Gallito » mourut le dimanche 16 mai dans les arènes de Talavera de la Reina, blessé par un taureau de la Veuve Ortega. Sa mort provoqua une grande émotion. Gallito était considéré comme une des meilleures *espadas* de l'histoire de la tauromachie.

232. M. Deschanel, président de la République française, tomba d'un train qui allait en direction de Montargis, la nuit du 23 mai. Descendu de sa couchette pour ouvrir la fenêtre du compartiment, il perdit l'équilibre en tentant de baisser la vitre et tomba

sur la voie. Il s'en sortit sans une égratignure — un vrai miracle — et se mit à marcher le long de la voie sous les étoiles. Il rencontra un ouvrier des chemins de fer et lui dit : « Je voyageais dans le train présidentiel ; je vais d'autre part vous surprendre, je suis le président de la République. » L'article de *La Publicidad* s'intitulait : « Le Président tombe du train sur la voie, mais est sain et sauf, un miracle. Le sang-froid du Président » (25 mai 1920).

233. Il s'agissait soit de Joan Subias, soit de Joan Xirau.

234. Nous ignorons s'il lit les livres qui font suite à *El aprendiz de conspirador*, mais c'est très probable.

235. Ici se termine le neuvième cahier.

236. Le dixième cahier débute par ces annotations : « Ma vie en ce monde. Le règne de M. Bourge se poursuit. De mon voyage à la ville comtale et de ce que j'y vois. »

237. Cette lettre est probablement celle que publia Anna Maria, la sœur du peintre, dans son livre de souvenirs *Noves imatges...* On peut y lire : « Très chères petites amies. Je profite de ce moment pour vous demander de m'excuser de ne pas vous avoir dit au revoir. Cela m'a été impossible. Ici, loin de vous, j'ai la nostalgie des crépuscules pleins de poésie de la Nouvelle Promenade. Les rougeoiements du couchant irisaient les nuages de fines colorations et les constellations commençaient à scintiller dans le ciel mourant. Là, sous un lit de feuilles, nous demeurions jusqu'à la tombée de la nuit. Les grenouilles chantaient derrière les roseaux. Plus loin les grillons. Les étoiles se reflétaient dans vos yeux. Et dans le vague crépuscule je pensais toujours à des choses impossibles. Je vous prie de ne pas rire de tout cela. Ici, à Barcelone, au milieu de cette prose, il m'est doux et beau de penser à vous, et votre souvenir est pour moi de la poésie. À très bientôt. SALVADOR » (A. M. Dalí, *Noves imatges...*, p. 72).

238. Il s'agissait d'une diligence, une grande voiture tirée par deux chevaux, pouvant contenir jusqu'à douze passagers. Certaines appartenaient à la Fonda del Comerç, à l'hôtel París et à la Fonda de la Gravada, qui les utilisaient pour leurs clients. Elles pouvaient occasionnellement venir prendre des personnes à leur domicile afin de les conduire à la gare.

239. Gonzalo Serraclara, fils de Josep Maria Serraclara. Les relations des Dalí avec les Serraclara remontaient à quelques décennies. Voici comment le lien se fit : lorsque le grand-père du peintre, Galo Dalí, se suicida en 1886, à l'âge de trente-six ans, pour des raisons financières, son épouse, Teresa Cusí, et ses deux

fils, Rafael et Salvador (le père du peintre) allèrent vivre chez Josep Maria Serraclara, marié de fraîche date (1883) à Catalina Berta, une fille que Teresa Cusí avait eu d'un précédent mariage. (I. Gibson, « Salvador Dalí : the Catalan background » in VVAA, *Salvador Dalí : The Early Years,* Londres, 1993, p. 50). Après cette période de cohabitation, les relations des Dalí avec les Serraclara furent excellentes, au point que, pendant de nombreuses années, la famille du notaire allait passer les fêtes de Noël chez les Serraclara à Barcelone. Mais avec la mort de la grand-mère Teresa, ces voyages prirent fin (A. M. Dalí, *Noves imatges...*, p.47).

240. Montserrat Cusí, cousine de Dalí.

241. Anselm Domènech, frère de la mère de Dalí.

242. Personnage non identifié.

243. Ramon Gibert Geli était un ami du lycée.

244. C'était l'adresse de Josep Maria Serraclara Costa, avocat et dirigeant républicain qui, en 1905, rejoignit Lerroux. En 1909, il fut élu conseiller municipal à Barcelone, à la tête de la majorité radicale. Il fut aussi adjoint au maire.

245. Maria Teresa Serraclara, fille de Josep Maria Serraclara, oncle de Dalí.

246. Ces images nous rappellent le tableau *Voyeur*, daté de 1920. Il appartient à la dernière période de Figueres, où commence à percer une volonté de construction qui deviendra dominante dans l'œuvre du peintre. Au premier plan, un vieillard bleu et assoupi contemple avec peine les balcons et les fenêtres de la maison voisine, qui s'offrent à ses yeux curieux et blasés. Sur ces balcons et à ces fenêtres se déroulent toutes sortes d'activités intimes semblables à celles que Dalí décrit ici. Sur l'un de ces balcons, on peut voir une fille, arrangeant sa chevelure ; ses bras ont une position identique à celle d'un des personnages des *Demoiselles d'Avignon* de Picasso ; nous ignorons si le peintre en avait vu quelque reproduction.

247. Il s'agit vraisemblablement d'une erreur de Dalí. Josep Maria Serraclara avait été adjoint au maire, et non maire.

248. Il s'agit de l'Exposition d'art (ou Exposition de Printemps) que la mairie de Barcelone organisait chaque année au palais des Beaux-Arts. La plupart des sociétés artistiques catalanes y participaient : le Reial Cercle Artístic, le Cercle Artístic de Sant Lluc, etc. Elle fut inaugurée le 22 avril en présence des infants et fut ouverte au public le lendemain, 23 avril, jour de la Saint-Jordi, fête nationale de la Catalogne. Six cent quatre-vingt-dix-neuf œuvres de

trois cent trente-cinq artistes y étaient exposées. Une salle d'honneur était consacrée au sculpteur Josep Llimona et deux salles spéciales rassemblaient les œuvres du sculpteur Enric Casanovas et du peintre Ricard Canals. Enfin une salle fut dédiée à la mémoire du peintre Martí i Alsina, qui ne fut inaugurée que le 9 mai. L'absence d'artistes aussi importants pour la peinture catalane que Rusiñol, Casas, Urgell ou Meifrèn (*La Vanguardia*, 15 mai 1920) ainsi que le nombre élevé d'œuvres de moindre qualité (« des œuvres de quelques jeunes maîtres, d'une mince importance matérielle », se plaint J. M. Junoy dans *Vell i Nou*, vol. 1, n° 3, p. 107) soulevèrent des critiques unanimes. Néanmoins, Joaquim Folch i Torres trouva dans cette exposition « une palpitation inquiète, un mouvement de recherche tout à fait prometteur, au sein du mouvement artistique catalan » (*La Veu de Catalunya*, 23 avril 1920).

249. Leopold Gil Llopard possédait une collection d'art Renaissance et baroque, héritée de son grand-père, le député de Tarragone, Pere Gil Batot (*Vell i Nou*, n° 25, 1916, pp. 13-20). Cette année-là, la mairie de Barcelone profita de l'Exposition d'art pour montrer cette collection au public dans le salon de la Reine régente, selon les vœux de son propriétaire. Plus tard, les pièces furent déposées au musée de l'Arsenal. En 1944, la mairie acquit dix-huit œuvres sur les soixante-sept. Celles-ci rejoignirent les collections du musée d'Art de Catalogne (MNAC) (voir J. Sureda, « El fons del Renaixement i del Barroc al Museu d'Art de Catalunya. Notes d'una història », VVAA, *L'Època dels genis*, Gérone, 1987, p. 23).

250. Nous savons aujourd'hui qu'il ne s'agit pas d'une œuvre du Titien mais du Tintoretto, qui daterait de 1554 et qui fut rebaptisée *Portrait de chevalier.* Il paraît aujourd'hui quasiment certain qu'il ne s'agit pas de l'amiral Álvaro de Bazán, comme on le pensait à l'époque. Ce tableau se trouve maintenant au MNAC.

251. Nous n'avons pas d'information sur cette œuvre qui, sous ce nom, n'est pas comprise dans la série des dix-huit œuvres acquises par la mairie.

252. Nous ne savons pas précisément de quel tableau il s'agit. La collection Gil comptait quatre œuvres attribuées à Velázquez, dont aujourd'hui une seule est considérée comme authentique, un *Saint Paul*, que l'on peut voir au MNAC. Nous ne savons pas quel tableau Dalí avait devant les yeux, mais il est difficile d'imaginer qu'il s'agissait de ce *Saint Paul*, un Velázquez de jeunesse, très inté-

ressant. Les autres œuvres que Dalí aurait pu voir sont *Saint Jean*, aujourd'hui attribué à Claudio Coello, *Enfants avec grappes*, attribués à Eberhard Keil et *Nature morte aux fruits* (*L'Època dels genis*, pp. 286-288 et Archives du MNAC).

253. Ce Christ ne sera pas acquis par la mairie en 1941 du fait de son attribution douteuse.

254. Il s'agit probablement de l'œuvre de José Antolínez y Sarabia intitulée *Immaculée Conception,* qui se trouve au MNAC.

255. Cette œuvre alors attribuée à Murillo, *Paysage avec figures et troupeaux*, ne sera pas acquise par la mairie.

256. Il s'agit du *Sauveur*, huile sur bois que l'on attribuait à Van Eyck dans la collection Gil; celle-ci ne sera pas acquise par la mairie.

257. Le tableau *Les Joueurs* (1920) de Francesc Domingo fut bien accueilli. Joaquim Folch i Torres le salua ainsi : « Il produit un éclat de vérité, de réalité optique, jamais atteint dans notre peinture; un éclat d'objectivisme qui fait rayonner les toiles voisines » (*La Veu de Catalunya*, 23 avril 1920). Eugeni d'Ors, après avoir évoqué les théories de Hildebrand sur la suprématie de la valeur architecturale de la forme sur l'aspect fonctionnel ou expressif, écrivit : « C'est à la lumière de ce principe que le tableau *Les Joueurs* de Domingo acquiert sa pleine signification. Si la recherche puérile et habituelle de ce qu'on appelle "l'œuvre du Salon" était valable, notre choix serait vite fait : cette œuvre-là, ou alors les deux autres, pour d'autres qualités » (*El Día Gráfico*, 27 avril 1920).

258. Iu Pascual présenta quatre œuvres : *Tramontane, Hiver (Corominotes), Étude (Automne), Les Rives du Fluvià (Olot).* Cette dernière reçut un prix et fut acquise par la Réunion des musées.

259. Joan Colom exposa trois tableaux : *Les Platanes, Les Frênes, Le Vieux Micocoulier*, qui gagna un prix et fut acquis par la Réunion des musées.

260. L'exposition ne fut pas aussi mauvaise que le laisse penser Dalí. Parmi les exposants se trouvait le Français André Lhote, avec quatre huiles : *Fortifications, Paysage français, Portrait sous bois, Portraits,* plus deux aquarelles et deux dessins. J. Sacs écrivit de lui : « un peintre qui va de l'avant, cubisant, un des premiers critiques d'art parisien » (*La Publicidad*, 2 juin 1920). Dans ces années-là, André Lhote était une figure quelque peu ambiguë dans les courants artistiques français. Revendiqué par les ennemis du cubisme, Louis Vauxcelles, par exemple, il se définit aux alentours de 1919

comme un peintre lié à ce mouvement. Il défend la théorie selon laquelle il existe deux voies dans le cubisme : la voie synthétique, qui se base sur des constructions abstraites, le cubisme *a priori*; et la voie analytique, qui se base sur l'étude de la nature, le cubisme *a posteriori*. Il se situe lui-même dans cette dernière tendance. (Ch. Green, *Cubism and its Enemies*, Londres, 1987, p. 65). Le cubisme *a posteriori* est en fait un retour au cubisme initial, celui que Picasso avait ébauché entre 1908 et 1909. Dalí voit donc pour la première fois au printemps 1920 des toiles apparentées au cubisme, même s'il s'agit d'un cubisme « cubisant », comme disait J. Sacs. Mais il n'en fait pas le moindre cas, si l'on en croit ce journal. Rappelons toutefois, à titre anecdotique, que des années plus tard, lorsque Dalí arriva à Paris, ce fut précisément André Lhote, qui, dans les pages de la *NRF*, s'intéressa le plus à lui.

261. Parmi les exposants se trouvait son futur ami, le critique Sebastià Gasch, avec un dessin intitulé *Portrait de femme.*

262. Joaquim Mir présenta douze œuvres de sa production la plus récente, dont *Le Manoir* et *Le Jardin.* La critique ne fut pas aussi enthousiaste que Dalí. Joaquim Folch i Torres, par exemple, nota que les toiles de Mir étaient « un échantillon de l'art, un peu dilué, de sa dernière période » (*La Veu de Catalunya*, 12 juin 1920). Pendant l'exposition on apprit que Mir avait été choisi pour occuper la salle d'honneur à la prochaine Exposition de Printemps.

263. Comme nous l'avons déjà indiqué, Ricard Canals occupait l'une des deux salles spéciales. Il y présenta vingt-sept œuvres de plusieurs genres (paysages, natures mortes, portraits...) dont *Maternité* (1909) ou *Le Bar* (1910).

264. Le 8 juin 1920, aux Communes, le Premier Ministre anglais Lloyd George défendit avec conviction le rétablissement des relations commerciales avec la Russie et affirma assumer pleinement la responsabilité de la politique qu'il menait en ce sens. Il rappela aussi qu'avant la guerre la Russie fournissait l'Europe en denrées alimentaires ; et que ce serait bien qu'elle le fît à nouveau (*La Vanguardia*, 9 juin 1920).

265. Léonide Krassine (1870-1926). Homme politique bolchevik. En 1918, il était chef de l'approvisionnement de l'armée Rouge et commissaire au Commerce et à l'Industrie. Puis il fut nommé ambassadeur à Londres. Il fut à la tête de la mission que les soviets envoyèrent pour négocier avec les Alliés le rétablissement des relations commerciales et la paix.

266. La place del Gra, ou place du Marché, couverte par une

structure métallique, se trouve au bout de l'Eixample, à l'est de la ville. Ses plans et sa construction datent de la fin du siècle dernier et sont dus à Puig i Sagués.

267. Il s'agit probablement du lieu dit « Camp del Manol », où en 1931 l'on construira l'aérodrome. Le Manol est un affluent du Muga.

268. Il s'agit du banc qui se trouve devant l'esplanade du château, d'où l'on a une vue splendide sur l'Empourdan.

269. Le 11, 12 et 13 juin, la compagnie du théâtre Romea, dirigée par Enric Giménez, présenta plusieurs pièces d'Ignasi Iglésias au Théâtre Principal : le drame *Le Charme de la gloire*, la comédie patriotique *Notre langue* et une comédie de mœurs, *Madame Marie*; celles-ci furent données en présence de l'auteur, à qui l'on rendit hommage.

270. La pièce *Notre langue* prônait l'usage et la défense du catalan.

271. Les fédéraux empourdanais offrirent un repas en l'honneur d'Iglésias, repas au cours duquel le père de Dalí fit un discours.

272. Aleksei Alekseievitch Brusilov (1853-1926) fut un des rares militaires importants de l'époque tsariste à se mettre aux ordres du gouvernement bolchevik dès que celui-ci accéda au pouvoir. En 1920, il dirigea la campagne contre la Pologne.

273. Mustafa Kemal (1881-1938). Militaire et homme d'État, fondateur et premier président de la république de Turquie. Suite à la victoire des forces nationalistes de Mustafa Kemal aux élections à la Chambre des députés d'Istanbul, le 16 mars 1920, les Anglais décidèrent de dissoudre le Parlement et occupèrent la ville. La Grande Assemblée nationale fut élue le 23 avril. Celle-ci proclama la république de Turquie. Mustafa Kemal en fut nommé Premier ministre et président. La lutte pour reconquérir les territoires occupés fut lancée.

274. Il pourrait s'agir d'une confusion de la part de Dalí. Le gouverneur civil de Barcelone, José Maestre Laborde (1872-1920), était le comte de Salvatierra. Les journaux le nommèrent par ce dernier titre. En tout cas, le gouverneur civil de Barcelone ne changea pas durant ces années-là.

275. La Fontaine Trouvée (Font Trobada) était un lieu de promenade dominicale et estivale pour les familles de Figueres. Des tables, des chaises, mais aussi une guinguette y étaient installées. Parfois, on y jouait des sardanes.

276. « Peixera » (bocal à poisson) fut le surnom que reçut Josep Puig Pujades (1882-1940) du fait de ses rondeurs. Tailleur, écrivain, journaliste, homme politique, il fut l'âme pensante du fédéralisme catalaniste à Figueres pendant de nombreuses années, par le biais de l'Union nationaliste républicaine. Puis il rejoignit la gauche de Macià et de Companys. Il fut l'éditeur et le rédacteur en chef de l'*Empordà Federal*, autour duquel gravita nombre de personnalités de Figueres, dont le père de Dalí. Il était très apprécié à Figueres mais aussi à Barcelone — où il avait de nombreuses relations. Il écrivit des romans (*Vie de héros, Le Crime de la rue Primfilat*), des pièces de théâtre (*Lorsqu'on a perdu la foi*), et fut considéré comme un écrivain honnête et intelligent. Il défendit très tôt l'œuvre de Dalí. Le peintre fit un magnifique portrait de lui avec la ville de Figueres en fond, au début des années vingt. Il fit aussi la couverture et les illustrations de son roman *L'Oncle Vicenç* (1926).

277. Le Sport Figuerense était un des *casinos* (cercles socioculturels, parfois sociétés de pensées) de Figueres. Fondé en 1890, afin d'y organiser les activités sportives de la ville, il se logea dans les premiers temps dans l'immeuble de la rue Monturiol, où il se trouve encore aujourd'hui. C'était le cercle de la haute bourgeoisie ; il se plaçait entre le Licco aristocratique et le Casino Menestral des commerçants. Les travailleurs, eux, allaient à la Societat Coral Erato. Le Sport Figuerense possédait une excellente bibliothèque et se consacrait aux activités culturelles — il proposait surtout des concerts.

278. Il s'agit de Josep Bonaterra Grau (1878-1963), commerçant, personnalité en vue des cercles fédéraux nationalistes. Il fit une brillante carrière de peintre ; son frère, Lluís Bonaterra, était musicien.

279. Nous ne savons pas qui était les Guanas (nom difficilement déchiffrable sur le cahier).

280. C'est la première fois qu'est cité ce personnage important, qui apparaîtra dorénavant comme un des plus proches amis de Dalí. Malheureusement, nous n'avons pas réussi à l'identifier.

281. Carme Montoriol, Lina Montoriol et Montserrat Cassadó.

282. Il s'agit vraisemblablement de « Peixera », c'est-à-dire Josep Puig Pujades.

283. Quelques années plus tard, Joaquim Sunyer suivra avec intérêt la carrière du jeune peintre de Figueres, comme nous l'apprend la lettre qu'il enverra au Dr Joaquim Borradellas au moment de la première exposition de Dalí aux galeries Dalmau,

en novembre 1925 : « Je passe un dimanche près du feu (...) et je pense à la belle exposition que nous avons vue hier. Je crois devoir à ce beau peintre quelques mots pour exprimer le grand plaisir que j'ai eu à voir ses œuvres » (Archives de la Fondation Gala-Salvador Dalí).

284. Au programme : le trio en mi majeur de Mozart, le trio en si bémol de Beethoven, le trio en ré mineur de Mendelssohn. Les interprètes : le trio Montoriol-Cassadó, avec Carme Montoriol (piano), Lina Montoriol (violon) et Montserrat Cassadó (violoncelle).

285. Il s'agit soit de Valentín de Zubiaurre (1879-1963), soit de son frère Ramón. Ces deux peintres peignirent des habitants et des paysages du pays basque.

286. Dalí va simplement à la ligne (le titre entre crochets a été ajouté par nos soins) afin de marquer un temps entre le dernier paragraphe et celui-ci. L'été vient de passer, trois mois au moins. Nous nous trouvons donc à un moment imprécis de l'automne 1920. Dalí a noté dans un coin de la page : « ceci est écrit à l'automne 1920 ». L'encre qu'il utilise pour cette annotation étant différente de celle qu'il utilise habituellement, il est possible que cette précision ait été ajoutée postérieurement.

287. Ce qui suit ce titre (celui-ci et les suivants) est vraisemblablement la suite de ses souvenirs d'été. Dans la marge de l'une de ces pages l'auteur a ajouté l'annotation suivante (l'encre utilisée pour celle-ci est la même que celle utilisée pour l'annotation précédente) : « ceci est écrit au plus fort du printemps 1921 ».

288. Lorsque le père de Dalí quitta Cadaqués avec sa famille pour s'installer à Barcelone, il avait approximativement six ans (*Sol Ixent*, 14 août 1925).

289. Le phylloxéra arriva en 1880 et détruisit tout sur son passage. Après quoi la plupart des terres restèrent incultes.

290. Dalí dessina et peignit souvent ce quartier à cette époque.

291. Pour Frederic Rahola : « La Patacada ou danse en chœur effrénée, au rythme de chansons licencieuses et joyeuses, garde quelque chose des saturnales romaines » (cité par Josep Pla dans *Un petit món del Pirineu*, Obra completa, vol. 27, Barcelone, 1974, p. 105).

292. Galo Dalí, le grand-père du peintre, n'était pas médecin, d'après nos sources.

293. Pla cite une autre version non moins mystérieuse pour ce qui est de la compréhension.

Le pinceau de Cruanyes
est un pinceau si fin
qu'il peut peindre les blondeurs
de l'aile de Pení...
(J. Pla, *op. cit.*, p. 105)

294. Il semble que les Dalí louèrent d'abord une maison à Cadaqués. Plus tard ils achetèrent un terrain où ils firent construire la maison du Llaner, que Dalí dessina et peignit souvent au début des années vingt, et qui apparaît aussi dans certains portraits qu'il fit de son père.

295. Cet atelier devait être situé devant la plage de Sa Cueta, un peu après la Riba Pitxot.

296. Dalí cite à plusieurs reprises Rubén Darío dans son journal. L'intérêt qu'il témoigne pour le poète lui fut peut-être communiqué par Gabriel Alomar. Cet écrivain et homme politique majorquin était à l'époque professeur de langue et de littérature espagnoles au lycée de Figueres. Il avait connu Rubén Darío lorsque celui-ci était venu en voyage à Majorque en 1907 (J. M. Llompart, *Retòrica i poètica II*, Palma de Majorque, 1983, p. 83). Tous deux étaient très proches sur le plan esthétique. On peut donc penser que le professeur de littérature conseillait à ses élèves la lecture de ce poète sud-américain. Indiquons toutefois que, dans le cahier d'absences des professeurs du lycée, Alomar remporta la palme des absences répétées. La raison en est simple : à cause de ses multiples activités, politiques notamment, l'écrivain ne mit pratiquement jamais les pieds au lycée. Il faut donc tenir compte de ce fait avant de donner trop d'importance à une influence d'Alomar sur Dalí, comme on l'a souvent fait.

297. La collection Gowans se composait de monographies de peintres, illustrées de reproductions en noir et blanc, sans texte, que Dalí commença à collectionner très jeune et qui lui permirent de se familiariser très tôt avec la peinture classique.

298. Ramon Pichot faisait partie de la très grande famille des Pichot : outre Ramon, elle comptait parmi ses membres : Ricard le violoncelliste (disciple de Pau Casals), Lluís le violoniste (disciple de Jacques Thibaud), Maria, la chanteuse d'opéra (mariée à Joan Gay). Une autre sœur, Mercedes, se maria à Eduardo Marquina, poète et dramaturge. Le frère aîné, Josep, appelé aussi Pepito, était lié au père de Dalí par une amitié qui remontait à leurs études de droit, à Barcelone. À travers l'œuvre de Ramon Pichot,

le jeune Dalí entra en contact avec les nouveaux courants de la peinture, impressionniste, post-impressionniste. Il est possible que Pichot fût le premier artiste professionnel que Dalí rencontra.

299. Ici se termine le dixième cahier.

300. Le onzième cahier n'a pas de pages de couverture et quelques pages semblent manquer. La première page du cahier est déchirée : sa partie supérieure a disparu.

301. Cet « inséparable », appelé un peu plus haut mon « bon ami », est le mystérieux Guatxindango.

302. José Palet Fita était un camarade du lycée qui arriva cette année-là à Figueres. Il était né à Talea (Chili).

303. Le dimanche 10 octobre fut organisée à Figueres une assemblée de l'Union fédérale nationaliste républicaine de l'Empourdan afin de décider de l'adhésion à la IIIe Internationale. La majorité du directoire du parti républicain catalan, dont faisait partie la UFNR, dont Layret, entre autres, était un des membres, fut favorable à l'adhésion à la nouvelle organisation internationale promue par Lénine. Par contre, certaines personnalités de l'UFNR, comme Pi i Sunyer par exemple, y furent tout à fait opposées. Pi i Sunyer s'exprima sur le sujet le lendemain, lors d'une conférence de presse. Les journaux se firent l'écho de ses propos. Il constatait qu'avec la montée des extrémismes il y avait de moins en moins de place pour les partis républicains. C'était donc — d'après lui — le moment de défendre des positions démocratiques, nationalistes, socialistes, sans jamais se confondre toutefois avec des organisations ouvrières. Les vues de Pi i Sunyer furent finalement adoptées à Figueres à une large majorité. Seuls Rafel Ramis Romans et Josep Soler Grau s'y opposèrent (*Empordà Federal*, 16 septembre 1920). Rappelons aussi que Soler Grau, le professeur de lycée qui était très lié à Dalí, faisait partie des gens favorables à l'adhésion de l'UFNR à la IIIe Internationale. Cela peut nous aider à comprendre les idées de Dalí à l'époque, qui, bien qu'extravagantes et extrémistes au premier abord, ne l'étaient pas tant que ça, étant donné le contexte.

304. Il s'agit évidemment d'un surnom. Nous ne savons pas qui il désigne.

305. M. Gallego semble avoir définitivement remplacé les Frères maristes.

306. Abdó Batet possédait une librairie sur la Rambla de Figueres.

307. *España* était une revue d'idées. Fondée par Ortega y Gasset

en 1915, elle précéda la *Revista de Occidente* qui fut fondée en 1923.

308. Cela faisait cinquante-neuf jours que Terence McSweeney, le maire de Cork, avait entamé une grève de la faim à la prison de Brixton. Le 12 août 1920, il fut mis en détention à la maison consistoriale de Cork. Il était connu pour ses idées républicaines et indépendantistes, et fut surpris avec des documents du Sinn Fein sur lui. Condamné à deux ans de prison, il déclara : « Je serai libre avant un mois » et ajouta : « Mort ou vif. » Puis commença une grève de la faim dont se moquèrent le gouvernement et la presse britannique ; ceux-ci firent circuler des rumeurs selon lesquelles des médecins et des membres de la famille du gréviste l'obligeaient à se nourrir, sans que celui-ci opposât de résistance.

309. *La Publicidad* et les autres journaux avaient l'habitude de publier des nouvelles confuses sur les événements de Russie. On parlait alors d'un mouvement de révolte paysan contre les bolcheviks et d'un soulèvement d'une partie de l'armée Rouge dirigé par le général Budenny.

310. La grève des charretiers fut importante car ces derniers avaient le monopole du transport dans les villes. C'est pourquoi les journaux en firent leurs gros titres.

311. En juillet-août 1920 se tint le IIe congrès de la IIIe Internationale au cours duquel furent approuvées les vingt et une conditions auxquelles devaient se soumettre les partis socialistes pour adhérer à la IIIe Internationale. À la suite de ce congrès, beaucoup de partis se scindèrent. Ces scissions furent à l'origine de la création des partis communistes.

312. Si l'on en croit *Vie secrète*, le jeune Dalí éprouva pour la première fois une peur panique de cet insecte à Cadaqués, lorsque sa « cousine fit exprès de m'écraser une sauterelle sur le cou ». Il retrouva alors la sensation fort désagréable de viscosité qu'il avait éprouvée peu de temps auparavant en prenant un poisson. À partir de ce moment, les sauterelles devinrent pour lui un « terrible cauchemar à moitié réel ». À Figueres les sauterelles étaient de grande dimension, et plus effrayantes encore. Lorsque ses camarades découvrirent la phobie de Dalí envers ces insectes communs et abondants, ils n'hésitèrent pas à lui infliger la « plus raffinée des cruautés », et fourrèrent des sauterelles partout, y compris dans les livres de classe : « Parfois c'était en ouvrant le livre que je la trouvais, écrasée, baignant dans son jus jaune, la lourde tête chevaline séparée du corps, les pattes bougeant encore… » Il consacra plusieurs pages de son autobiographie (*Vie secrète*) à cet insecte et

en fit un élément iconographique important de sa peinture à la fin des années vingt et au début des années trente. Elle apparaît surtout dans les autoportraits liés au grand masturbateur.

313. Josep Soler Grau, professeur au lycée de Figueres, ami de Dalí, était le propriétaire de la maison sise au 4 rue de la Muralla où se tenaient les réunions du groupe de jeunes, plus âgés que Dalí, qui faisaient la revue humoristique *El Sanyó Pancraci* (Monsieur Pancrace). Cette revue parut trois fois entre août 1919 et février 1920. Dalí fit un portrait de Monsieur Pancrace. Il décora ce lieu qui finira par être son atelier. Excepté quelques céramiques, la plupart de ces peintures et décors se sont perdus.

314. Diminutif de Pompeu Gener, auteur de la satire *Les Cent Conseils du Conseil de Cent* (1891).

315. Antoni Papell Garbí (1902-1956). Historien. Il enseigna dans plusieurs lycées, dont celui de Figueres. Auteur de nombreux textes sur l'histoire de l'Empourdan.

316. Vicenç Ros fut maire de Figueres du 1er avril 1930 au 30 septembre 1923. Il était membre de l'Union fédérale nationaliste républicaine.

317. Autre nom de la salle Edison, premier cinéma construit en 1914 par le riche industriel et homme d'affaires Carles Cusí.

318. Cette allusion au cubisme est intéressante. C'est la seule référence à l'art d'avant-garde dans ce journal. Entre sa visite à l'Exposition de Printemps, en juin 1920, où Dalí ne s'arrête pas devant les œuvres de André Lhote, et ce 18 octobre 1920, que s'est-il passé ? Nous savons que J. Sacs publia un article sur l'exposition de Barradas à la galerie Dalmau intitulé « Cubismes, tombolas et calligraphies », dans lequel il parle de ce mouvement. Publié dans le journal *La Publicidad* (31 juin 1920), il fut probablement lu par Dalí. Il est possible aussi que son ami Subias, qui était très curieux, et qui faisait la navette entre Figueres et Barcelone, lui en ait parlé. On ne peut négliger non plus les informations qu'il devait recevoir de son oncle Anselm. En tout cas, très tôt, à travers *La Publicidad*, Dalí a pu lire des articles sur les mouvements artistiques d'avant-garde. D'abord, dans la chronique que tenait Josep Pla, envoyé spécial du journal à Paris, et qui couvrait le Salon d'automne (*La Publicidad*, 22 octobre 1920), et dans deux textes critiques de J. Sacs sur l'« Exposition d'art français d'avant-garde aux galeries Dalmau » (*La Publicidad*, 2 novembre 1920 et 6 novembre 1920).

319. Cette foire ne réussit pas à s'implanter à Figueres.

320. Ici figure le nom d'une personne que nous n'avons pu déchiffrer.

321. L'orthographe de ce nom n'est pas très lisible : il semble qu'il y ait écrit « Xènius ». Comme il a été indiqué plus haut, après sa rupture avec la Mancomunitat, Eugeni d'Ors exprima des sympathies pour le mouvement ouvrier. De là vint peut-être la rumeur qu'il était candidat aux élections générales qui furent décidées par Dato pour décembre 1920 (E. Jardí, *Eugeni d'Ors : Obra i vida,* Barcelone 1990 (1966), p. 202).

322. « Les statistiques officielles des bolcheviks indiquent que les stocks de blé pour cet hiver sont de 220 millions de livres au lieu des 454 nécessaires. La famine qui arrive sera plus grande que celle des années précédentes » (*La Publicidad,* 20 octobre 1920).

323. Alexandre Millerand était alors président de la République. Comme le précédent chef de son parti, Georges Clemenceau, il s'opposait à toute négociation avec les soviets.

324. Les nouvelles données par la presse sur la santé du maire de Cork « étaient toujours plus alarmantes ». « La famille du lord-maire de Cork nous a fait savoir qu'il avait dormi quelques heures aujourd'hui. Le docteur qui lui a rendu visite a insisté pour qu'il boive du jus d'orange afin de contrecarrer le scorbut dont il commence à souffrir. Lorsqu'il a eu connaissance de cette proposition il s'est montré très indigné » (*La Publicidad,* 21 octobre 1920). Un de ses compagnons qui faisaient la grève de la faim, le membre du Sinn Fein Fritzgerald, venait de mourir d'inanition.

325. Personnage non identifié.

326. La mère de Dalí décédera le 6 février 1921.

327. Nicomedes Esteban Martín Lecumberri était professeur d'agriculture et d'histoire naturelle.

328. Il s'agit du Collège des religieuses françaises.

329. La rue des Juifs s'appelle désormais rue Magre. Elle va de la tour Gorgot (actuellement tour Galatea) à la rue Besalú.

330. La grève des mineurs anglais durait depuis une semaine et se prolongea une semaine de plus. Elle toucha l'industrie du charbon et fit la une de l'actualité.

331. La prolongation d'une grève de mineurs à Riotinto provoqua une vague de solidarité dans toute l'Espagne. Le couple royal et leurs enfants assistèrent à un spectacle organisé par le syndicat des acteurs, afin de recueillir des fonds pour les enfants des grévistes.

332. Le maire de Cork décéda à 5 h 30, le matin du 26 octobre.

Les journaux n'annoncèrent sa mort que le lendemain. Cette information apparaît en marge dans le journal de Dalí à la page du 23 octobre. Nous l'avons replacée à la date du 27 octobre.

333. Carmen Tórtola se produisit au grand théâtre El Jardín, à Figueres, où elle eut beaucoup de succès comme le montrent les éloges d'un chroniqueur local : « Le splendide théâtre El Jardín a été envahi par une foule impatiente d'admirer la dame qui a transformé la danse en poésie, comme dirait Goethe. Par ses qualités et son talent la Tórtola a transformé l'admiration du public en enthousiasme, un enthousiasme fort comme la vision d'un enchantement insoupçonné » (*Empordà Federal*, 30 octobre 1920).

334. L'ami de la Tórtola était un descendant de la famille Roger, originaire de Maçanet de Cabrenys. Les Roger, militaires de tradition, étaient des gens plutôt progressistes, partisans des généraux Espartero et Prim. Plus tard ils se lancèrent dans l'hôtellerie. L'arrière-grand-père de l'ami de la Tórtola, Pràxedes Roger, fonda l'hôtel Pirineu à Maçanet. Un de ses descendants, vraisemblablement le frère de l'ami de la Tórtola, Alfons Roger i Vilà, deviendra un chef renommé (J. Pla, *Escrits empordanesos*, Obra completa, vol. 38, pp. 257-258).

335. Le programme de la Tórtola à Figueres comprenait entre autres : la *Danse espagnole* de Granados, les *Guajiras* du maître Burrull et *La Charmeuse de serpents* de Delibes.

336. L'écrivain H. G. Wells retourna à Londres après un séjour d'un mois en Russie, où il avait été invité par Maxime Gorki. Il déclara : « J'ai résidé à Petrograd et Moscou et je n'ai trouvé aucun indice de ces mouvements contre-révolutionnaires dont parlent certains journaux. C'est pure fantaisie que de parler de déroute à propos du régime soviétique. Le peuple souffre de la faim, c'est sûr, mais il ne pense pas à se révolter. J'ai parcouru le pays en toute liberté, sans guide ni accompagnateur, et j'ai pu voir la réalité de mes propres yeux » (*El Sol*, 26 octobre 1920).

337. Manuel Bravo Portillo fut commissaire de police à Barcelone de 1909 à 1918. Il participa très activement à la répression des conflits ouvriers. Il mourut dans un attentat en septembre 1919.

338. Ici se termine le onzième cahier. Une partie de la page ayant été arrachée, nous n'avons pu lire la suite.

339. Le douzième cahier débute par l'annotation : « Suite. Mes impressions et souvenirs intimes. Livre XII. »

340. Il s'agit de l'hospice Vilallonga, construit en 1887 grâce à

une donation de Marià Vilallonga i Gipulo, riche propriétaire d'une forge, mort sans descendance.

341. Eduard Rodeja Galter (1896-1963). Historien. Auteur de *Figueras, noticias históricas* (plusieurs volumes) et du *LLibre de Figueres.*

342. Onofre Pont, de Cadaqués, était propriétaire de navires qui faisaient la traversée jusqu'à Gênes.

343. Le Liceo Figuerense, fondé en 1868, avait pour objectif de soutenir une compagnie lyrique ou théâtrale attachée au Théâtre Principal. Son siège changea souvent avant qu'il se fixât sur la Rambla. C'était le club le plus sélect de la ville. Ses membres se devaient d'être en possession de titres universitaires de haut niveau, de hauts grades militaires, d'être de bons catholiques et de fervents monarchistes.

344. La maison Puig Paris était la boutique du plus grand tailleur de Figueres, elle appartenait au père de l'écrivain et homme politique Puig Pujades.

345. Piotr Nikolaïevitch Wrangel (1878-1928). Général qui dirigea les troupes blanches dans la phase finale de la guerre civile. En avril 1920, il succéda à Dénikine. Après avoir essayé d'obtenir le soutien des paysans, des cosaques et des forces occidentales, il lança en juin 1920 une nouvelle offensive en Ukraine. Mais au début du mois de novembre, l'armée Rouge lui infligea une sévère défaite qui l'obligea à se retirer en Crimée.

346. Il s'agit du professeur de dessin Juan Núñez.

347. Probable référence à la sarsuela *Bohemios* (1920) d'Amadeu Vives.

348. Le Pianc est une petite plage de Cadaqués située à l'endroit le plus protégé de la baie. Dalí l'a peinte à plusieurs occasions.

349. Nans est le nom d'une crique située à la pointe est de la baie de Cadaqués. C'est la crique la plus profonde et la plus abritée de la Costa Brava. Un phare la domine au levant. Ce paysage a été peint par Ramon Pichot et par Salvador Dalí.

350. La maison des Pichot se trouvait sur la presqu'île de Es Sortell, juste avant d'arriver à la crique Nans.

351. Pompeu Gener mourut le 15 novembre 1920.

352. Antoni Subias Gonzalvo était professeur de psychologie au lycée de Figueres, et le père de Joan Subias, l'ami de Dalí.

353. Personnage non identifié.

354. Raimon Casellas était un critique d'art et une figure du

modernisme littéraire catalan. Le livre dont parle Dalí (Barcelone, 1916) rassemble des essais sur Puvis de Chavannes, Whistler, Monet, Burne Jones, Carrière, Raffelli, ainsi qu'une chronique de l'Exposition générale des beaux-arts à Barcelone en 1894. La préface est d'Eugeni d'Ors.

355. Personnage non identifié.

356. Onofroff était un magicien d'origine polonaise, semble-t-il, qui se produisit sur toutes les scènes d'Europe et d'Amérique. Il introduisit l'hypnose et la catalepsie dans les spectacles de magie. La nouveauté de ces techniques soulevait à chacune de ses représentations comme un vent de polémique. Le lundi 29 novembre, il se produisit au grand théâtre El Jardín. Le lendemain, mardi après-midi, eut lieu une séance plus intime au Sport Figuerense. Après quoi les discussions allèrent bon train. La presse locale se fit l'écho des doutes sur la « véracité » de l'hypnotiseur, moins nombreux toutefois après la seconde séance.

357. Rappelons que Palet, peu de temps auparavant, lui avait fait part de son admiration pour la beauté de Carme Roget (cf. 26 octobre 1920).

358. Margarita Serra i Roca était une amie du lycée.

359. Dalí admirait la peinture de cet artiste lié au noucentisme, qui, comme dessinateur et graveur, créa un style plus « coutumiste », non dépourvu de sarcasme. La critique de l'époque remarqua très vite l'influence de ce maître sur Dalí. Dans *El Día Gráfico* du 21 octobre 1921, on pouvait lire ce commentaire au sujet de la couverture que Dalí réalisa pour le numéro spécial de l'*Empordà Federal* consacré au grand musicologue Pep Ventura : « On dirait du Nogués, disent tous nos amis. C'est sûr, c'est même évident, mais imiter Nogués à dix-sept ans, c'est déjà être un aristocrate. Peu de gens savent croire en Nogués, et encore moins l'imiter... » Et lors de l'exposition de l'Association catalane des étudiants on put lire dans le journal *La Veu de Catalunya* du 29 janvier 1922 : « Ses compositions à la détrempe révèlent une fécondité, une verve, une finesse admirable. On voit que notre grand Nogués l'a profondément impressionné... »

360. Francesc Layret fut assassiné le 30 novembre 1920.

361. Le village de Borrassà se trouve à sept kilomètres de Figueres.

362. Personnage non identifié.

363. Personnage non identifié.

Table

Collection Anatolia
dirigée par Samuel Brussell

Derniers titres parus :

Sylvia Plath	*L'Histoire qu'on lit au bord du lit*
Aidan Higgins	*Ma chienne d'Irlande*
Liam O'Flaherty	*À mes ennemis ce poignard*
Liam O'Flaherty	*L'Âme Noire*
Elizabeth Bowen	*Sept hivers à Dublin*
Shiva Naipaul	*Mort en Guyane*
Shiva Naipaul	*Au-delà de la Gueule du Dragon*
Spike Milligan	*Mon rôle dans la chute d'Adolf Hitler*
Patrick Gifreu	*Dalí, un manifeste ultralocal*
P. G. Wodehouse	*Hello Plum!*
Graham Chapman	*Autobiographie d'un menteur*
Liam O'Flaherty	*Le Guide du touriste en Irlande*
Vita Sackville-West	*Une Anglaise en Orient*
R. K. Narayan	*Mémoires d'un Indien du Sud*
Karl Popper	*La Leçon de ce siècle*
P. G. Wodehouse	*« La citrouille a besoin de vous »*
Le Pogge Florentin	*Facéties*
V. Havel / J. Brodsky	*Le Cauchemar du monde post-communiste*
Hubert Butler	*L'envahisseur est venu en pantoufles*
K. Popper / J. Condry	*La Télévision : un danger pour la démocratie*
Kate Chopin	*La Cigarette égyptienne*
Margaret Hooks	*Tina Modotti, Amour, Art et Révolution*
Fernando Pessoa	*Lisbonne*
Tina Modotti	*Lettres à Edward Weston*

M. F. K. Fisher	*Biographie sentimentale de l'huître*
M. F. K. Fisher	*Le Fantôme de Brillat-Savarin*
J. M. Synge	*Les Îles d'Aran*
Shiva Naipaul	*Sortilège africain*
Shiva Naipaul	*L'Illusion du Tiers-Monde*
E. A. Abbott	*Flatland*
Anonyme latin	*Histoire du roi Apollonius de Tyr*
Josef Skvorecky	*Le Camarade joueur de jazz*
Robert Nicholson	*Promenades dans la Dublin de Joyce*
Fernando Pessoa	*Dialogues sur la tyrannie*
G. Jouanard / B. Plossu	*Marseille en autobus*
Andrea Weiss	*Paris était une femme*
A. Higgins / J. Minihan	*Samuel Beckett*
E. E. O'Donnell	*L'Irlande du père Browne*

Le flashage de cet ouvrage
a été réalisé par l'Imprimerie Bussière
et l'impression sur presse Cameron
par **Bussière Camedan Imprimeries**
à Saint-Amand (Cher), en janvier 2000

Éditions du Rocher
28, rue Comte-Félix-Gastaldi
Monaco

Dépôt légal : janvier 2000. N° d'impression : 000087/4
N° d'Édition : CNE section commerce et industrie Monaco 19023

Imprimé en France